蔡元培的留欧时代

叶隽 著

湖南教育出版社

图书在版编目(CIP)数据

蔡元培的留欧时代／叶隽著. —长沙：湖南教育出版社，2021.6
ISBN 978-7-5539-7974-8

Ⅰ.①蔡… Ⅱ.①叶… Ⅲ.①蔡元培(1868-1940)-生平事迹 Ⅳ.①K825.46

中国版本图书馆 CIP 数据核字(2021)第 022493 号

CAI YUANPEI DE LIU OU SHIDAI

书　　名：蔡元培的留欧时代
作　　者：叶　隽
责任编辑：张件元
责任校对：殷静宇　张　征
出版发行：湖南教育出版社(长沙市韶山北路 443 号)
网　　址：www.bakclass.com
微 信 号：贝壳导学
电子邮箱：hnjycbs@sina.com
客服电话：0731-85486979
经　　销：湖南省新华书店
印　　刷：长沙超峰印刷有限公司
开　　本：710 mm×1000 mm　32 开
印　　张：12.625
字　　数：200 000
版　　次：2021 年 6 月第 1 版
印　　次：2021 年 6 月第 1 次印刷
书　　号：ISBN 978-7-5539-7974-8
定　　价：68.00 元

内容简介

110多年前，《俄事警闻》日报上的一篇小说《新年梦》中，记述了一个名叫“中国一民”的江南富家子弟，16岁离家外出做工，兼学英、法、德三国语言，随后游历外国，最后引导中国实现了世界大同的理想。这南柯一觉新年梦的主人公，其原型正是后来大名鼎鼎的教育家蔡元培。

曾身为清朝翰林的蔡元培，究竟经历了什么转折，才能够顺应时代、引领潮流，成为民国北大校长、教育总长，进而深刻推动中国教育的现代化进程？其前后两次、历时7年的留欧经历不可不提。

本书以严谨的考证、生动的语言，再现了蔡元培的留欧时代，其中既包括从柏林到莱比锡(1907—1911)的学习经验，也涵盖从巴黎到图卢兹(1913—1916)的游历情况。除了留学的波折和学业的展示，书中还描绘了诸多生活细节和情感历程，让激荡时期一代大家的觉醒之路如在眼前。

目　录

上篇：留德时代：从柏林到莱比锡(1907—1911)

留德的缘起：世界学术德最尊

在小说《新年梦》(1904)里，记述了一个名叫“中国一民”的江南富家子弟，他16岁离家外出做工，兼学英、法、德三国语言，三年后游历外国，由美国而法国，后来在德国上学，又去英吉利、意大利、瑞士与俄国。最后是中国大败各敌国，其引导实现了一个世界大同的理想[①]。这且按下不说，但这南柯一觉新年梦，真的是什么“中国一民”做的吗？非也，这篇最初匿名发表于名为《俄事警闻》日报上的小说，却是一位大名鼎鼎的教育家的“外行作品”，作者就是蔡元培(1868—1940)。我们不禁会好奇地问，历史上的蔡元培究竟是一个怎样的人物呢？他是否确曾游历各国，他是否又曾留学德国？他不是做过教育总长和北大校长吗？什么时候，他改行写起小说来了呢？小说里的人物，和他自己，究竟又是什么样的关系呢？留学德国，究竟在蔡元培身上留下了怎样的烙印？

在19世纪末期20世纪初期的时候，那时还是晚清末季，慈禧太后掌着大权。有一位曾进士及第、位居翰林院编修的人物蔡元培，他不但辞官不干了，而且也不想在中国继续待着了。突发奇想，他想改换环境，到德国去留学。

在近代以来的中国历史里，留学不仅是一种求知学习的路径，更是一种追索真理的方式。一代代留学生，满载了期望和理想，漂洋过海，走向陌生的异国，去探索新的世界、新的知识、新的思想。所以，留学对于清末那代人来说，此时已并不稀奇。此时的中国，已经进入了20世纪。不说近代第一批中国官派留美幼童，那是从1872年就开始了，那时候蔡元培才4岁。就说1895年甲午战争失败后兴起的大规模留学潮吧，那也已有十年了。尽管如此，蔡元培的选择，仍然有惊世骇俗的意味。倒不是说留学这个举动本身，而是说其身份。虽然，从我们今天的眼光来看，不就出去留洋吗？有什么可大惊小怪的，你不见现在小学生都出国留学呢？

就算是当初那批留学的名人，容闳，近代中国的第一位留学生！严复，近代中国传播西学的第一大思想家！辜鸿铭，近代中国第一大怪客学者！他们不都是前后脚出去的吗，甚至都比蔡元培留洋的时间早得多。可为什么我们说蔡元培留洋会惊世骇俗呢？因为蔡元培是翰林！

容闳是干什么的，他是广东人，家里没钱，所以，进了澳门的马礼逊学堂，1847 年就跟着传教士布朗到美国去了。严复，那也是福建人啊，他自己后来写诗说："我生十四龄，阿父即见背。家贫有质券，赙钱不充债。"四个字，家贫父亡，很悲惨的。所以他入福建船政学堂。还有辜鸿铭，那根本就是一个旅外华侨，不能算是土生土长的中国人。可蔡元培不一样，人家可是翰林。翰林，那可是了不得的身份，不一定在于官儿大小，而在于他的清贵的地位。当时的户部尚书翁同龢对新科进士蔡元培评价很高：

新庶常来见者十余人，内蔡元培乃庚寅贡士，年少通经，文极古藻，隽材也。[②]

翁同龢是什么样的人物？他不但是当时的文坛祭酒类的人物，而且还是光绪皇帝的老师，虽然和慈禧太后不对付，但想想看，毕竟是帝师啊，身份何等尊崇。可以说，蔡元培年过弱冠不久，就已进入了中国学术、政治的双重中心地，在北京，他俨然已是“声闻当代，朝野争相结纳”的士大夫了[③]！

所以，我们应当注意到这样一种时代背景，那个时候衡量人的价值和地位的标准，是和我们现在完全不一样的。所以，容闳、严复、辜鸿铭这样的人，那时候出国留学，没什么不正常的。这是谋活路的一种方法。可蔡元培就不同了，那是进士及第、储才翰林。曾国藩，也就是从翰林院这个地方出来的，被认为是实现了儒家的“立德、立功、立言”的三不朽理想，不但是近代中国难得一见的大人物，也是中国文明史与世界文明史上了不起的大人物。先贤典范在前，蔡元培有没有可能成为下一个曾国藩呢？

在19世纪的最后年头里，蔡元培忽然不干了，也就是说，他要放弃现成的“功成名就”和“锦绣前程”而改向了。大概相当于我们现在的“停薪留职”吧，可停薪留职为什么呢？“下海”？不是，那时候还无这一说，传统社会虽在消解之中，可“士农工商”的秩序还没变过来呢！然而，就是这么一位了不起的进士翰林，却勇敢地放弃了自己在世俗社会里的地位尊荣，“挂冠回乡”了。这，就是先知先觉。他很了不起。能够“洞烛先机”、“一叶落而知天下秋”。其实，他一开始起的不是留学的心思，而是离开政府的念头。

但如果我们仔细分析一下，蔡元培绝对不是一时心血来潮。他离京的这个年份其实是1898年。这可是近代史上一个相当重要的年代，先有戊戌变法，后有七君子之死，可谓是“时代激荡”兼“血雨腥风”。

蔡元培这个人是个大人物，所以他有感时忧国的关怀。其实早在1895年，也就是清光绪二十一年，那时蔡元培28岁。4月17日，《马关条约》签订；5月11

日，蔡元培在日记上就写了这样一些话：“上决与倭议和，和约十事，其大者，割台湾，割奉天辽阳以东，遵海而南至旅，给兵费二万万，定七年毕给。倭人驻兵威海，岁给兵费五十万。俟二巨万毕给，乃退兵，皆允之矣。日蹙百里，且伏祸机。韩、魏于秦，宋于金，不如是之甚也！”叹息其时朝廷主政者之“聚铁铸错，一至于此，可为痛哭流涕长太息者也！”

读了上面这段话，我们就可以理解作为政府公务员的蔡元培，他为什么会选择离开，对国事的失望、对清廷的不满乃至对安全的考虑，可能都是他选择离去的原因。所以，而立之年的蔡元培，辞去了翰林院编修的“美差”，“挂冠而去”，其“别求前路”的意图应该是很明显的。当然，在常人的眼光里，这个代价付出得够惨重的，这个翰林院可比我们现在的社科院之类的机构强多了，那不但是有着非常高的社会地位，而且待遇什么的也有保障，至于可以“储才备用”的功能更是不可低估。不过，“无有弃者无以图将来”，蔡元培的“舍弃”，正是为了未来的“获得”。这种获得，并非从纯粹功利角度可以去评判。

蔡元培为什么要选择去德国留学呢？在当时的时代潮流里，美国早已成为中国人向慕之地；而日本则是相邻最近也便利的留学地点。蔡元培甚至去日本游历过，但他为什么要执意去德国留学呢？德国究竟有什么样的吸引力呢？

当时有一种说法，留学西洋，就是去欧洲啊，美国啊，这叫作"镀金"；而留学东洋，就是日本，这叫作"镀银"。金银比较，档次之分高下立判。那么，是不是说蔡元培比较看重这些呢？也就是说，蔡元培之所以不愿去日本留学，是因为这只是"镀银"。可美国、英国啊，也算作"镀金"的行列啊，为什么蔡元培不去这些国家呢？对于蔡元培这样的人来说，选择一个学术发达的国家是非常重要的。他指出一定要选择德国，必然有他自己的道理。

黄炎培在《吾师蔡孑民先生哀悼辞》中回忆了蔡元培

曾给他说过的一段话：

一日，语我：救中国必以学。世界学术德最尊。吾将求学于德，而先赴青岛习德文。言吾所任同盟会干事，君其代我可乎？则敬诺。[④]

从这段话引申开来，我们可以结合前后时代背景和蔡元培的人生历程，分析一下他选择留德的原因。

第一层从留学目标来看，所谓“救中国必以学”，涉及近代中国所有精英人物都面临的一个根本问题，即所谓“救国”问题。自从鸦片战争以来，中国一下子从天朝上国沦落为一个半殖民地的国家，从政治高层到普通民众都无法接受这样一个事实，所以救国自然就成为所有精英人物必然要自觉承担的一个历史使命。

第二层是救国与学术的关系问题。本质上是国家与学术的关系问题，这又是一个大问题。因为，对于近代以来的中国知识分子而言，必须要面对的就是，鸦片战争以来国势颓亡的基本局面。

第三层是学术路径选择和语言问题。也就是说，蔡元培选择的留学国家是德国，是因为当时的德国是世界学术的中心场域。那么，这也决定了他所要学习的语言，就是德语，德语是当时世界上最重要的学术语言、科学语言。德语的地位，在那个时候，在某种意义上是超过英语的。

这里面还透露了一条非常重要的信息，就是他在同盟会中有职务。同盟会是什么组织？想来大家只要学过历史的，都会知道这个组织，这是一个非常重要的政党性组织。它的创立者是孙中山，它是由当时的几个主要的反清政治组织改组、联合而成，这其中包括兴中会、华兴会、光复会。而光复会的领袖就是蔡元培。

可在当时，这可是了不得的事，是要杀头掉脑袋的。怎么这样？蔡元培不但自己炒了自己的鱿鱼，将在如今国家机关的公务员差使弃之如敝屣，而且还干起了可以连累“满门抄斩”的活计？这像是个文弱书生干的事情吗？要知道，蔡元培当官也是文官，是翰林啊，就是整天写写画画什么的。他又不是武官，就算是武将，那也得掂量一下，这事干得干不得？

他不这么想，可他家里人就不一样了。蔡元培有个哥哥，叫作蔡元鈖，虽然是兄弟，但所谓“龙生九子，各有不同”。他一听说蔡元培要去革命，心里可就着急了。可不是吗，在那个年头，革命就是造反，造反可是要满门抄斩的呀。就是为了全家上上下下的安危，那也不能让这兄弟去干什么革命呀！但是，青年人血气方刚，有那么一种“我以我血荐轩辕”的劲头，不好好想个法子，还真是“不撞南墙不回头”。那么，这个长兄真能想出什么办法让蔡元培放弃革命的念头吗？蔡元培是不是会真的不革命了呢？

革命的遭遇让蔡元培的留德理想似乎唾手可得，可清政府压力的消逝，反而使得他的留德梦忽然又变得遥远起来。为什么会出现这样的情况呢？

蔡元培留学德国之心最初萌发于 1903 年，当时的主要目的是到德国去学习军事，而在赴德留学的动因上则包含了些偶然因素。

当年爱国学社的革命活动已受到清政府注意，蔡元培作为中国教育会和爱国学社的主要成员在预定逮捕首位[5]。所以其长兄蔡元鈖及友人汤蛰仙、沈乙斋、徐显民等劝其离沪出国留学。这一招比较高妙，一是要避祸，二是满足你的理想，出国留学嘛！果然，蔡元培想了想，还是答应了，他自己是这样描述这段经历的：

我不得已允之，但以筹款往德国学习陆军为条件；汤、徐诸君约与我关切者十人，每年各出五百元，为我学费。及学社与中国教育会冲突后，我离社，往德的计划将实现。徐君从陈敬如君处探听，据言红海太热，夏季通过不相宜，不如先往青岛习德语，俟秋间再赴德。于是决计赴青岛。陈君梦坡为我致介绍与李幼阐君。

蔡元培到青岛后，先后跟李幼阐和一个德国传教士学习德语，不到两月，得家中电招返沪。这个时候，哥哥别有一番话说了；而且不仅是他这么说，那些朋友们如汤、徐诸君也一样说，爱国学社已经停办，所以不会有危险了，“遂取消集款助学之约，而属我长兄留我于上海，谋生计。于是我不能再往青岛，而德语亦中辍”[6]。

应该说，这是一次蔡元培认真准备，但最终由于经费原因中途夭折的留德设想。但蔡元培内心深处的这份留德梦已经燃烧起来，还会这么容易地扑灭下去吗？我们知道，蔡元培是一个做事有远见、有理念的人物，他一旦选择了的方向就绝对不会轻易地放弃。这一点，也充分表现在他的留德道路上。

实际上，从 1903 年的初次留德计划夭折到 1907 年留德理想终于实现，蔡元培用了四年的时间。而如果从 1898 年“辞职不干”算起，则有近十年的时间。从 1898 年到 1907 年，蔡元培这十年间都做了些什么呢？大致可以 1903 年为界分为两段，即从办理新教育到投身革命。1898 年 9 月 21 日，戊戌政变发生。10 月，蔡元培就弃官携眷出京，返绍兴，不久即出任绍兴中西学堂监督。日后，蔡元培当过不少这类的校长职务，诸如兼任嵊县剡山书院院长，与童亦韩至临安、杭州等地筹办新式学校。日后干过这类的工作就多了，譬如在上海澄衷学堂任代理总理、任南洋公学特班总教习、与蒋观云等发起成立爱国女学于上海等；此外，还与张元济、杜亚泉等创办《外交报》、共同创办《俄事警闻》日报（后改名

《警钟日报》)；与蒋观云、叶瀚等在上海发起成立中国教育会，被推为事务长(即会长)；创办爱国学社，任学社总理；发起组织“对俄同志会”；担任过商务印书馆创设编译所的所长。但有一点很重要，得特别拿出来说一说，就是他在 1904 年(清光绪三十年，37 岁)的时候，参加过军国民教育会暗杀团。11 月中下旬，干脆发起组织光复会，任会长；1905 年 8 月 20 日，中国同盟会在东京正式成立。蔡元培任上海分会会长。他已经成为中国革命党人的重要领袖之一了。

但是，蔡元培做这些事情似乎都不是太专心。1906 年下半年，为出国留学的事情，他再次入京等候派遣。这又是怎么回事呢?

蔡元培当然不会轻易放弃自己留学德国的理想，但亲戚朋友们都不肯掏钱，总不能逼着他们资助自己吧!可也不能天上掉馅饼。能想到什么办法找到钱的来源呢?看来“金钱并非万能，但没有钱也是万万不行的”。就在这个时候，蔡元培又得到了一个新的消息，使他本已近乎破灭的留德梦，一下子变得好像现实起来了。是什么消息呢？

原来，自甲午战争失败以后，清廷重新开始了官派留学的计划；尤其是戊戌变法失败与八国联军战争以后，宪政改革呼声很高，于是有了清末新政之举。正是在这种背景下，1906 年秋，清政府准备派一批翰林院编检出国留学。就具体国别而言，本来规定留欧、留日由本人自选。

有人说，不对啊，蔡元培这时候已经是同盟会上海分会的会长，该是清廷通缉的要犯啊！怎么还能获得政府的奖学金出去优哉游哉呢？这个啊，就是“停薪留职”的好处了，说起来，蔡元培还是个没有暴露身份的“地下工作者”，是“身在曹营心在汉”，所以清政府还蛮把这位已经停薪的翰林院编修当回事，不但允许他赴北京登记；而且对他好像还不错，没有什么太多留难。但后来这事还是没能成，不是说那些官儿们多聪明，发现了蔡元培造反的蛛丝马迹，而是因为政府太穷，经费拮据。还有一个原因，据说是愿意留欧的编检人数太少，所以干脆搁置不办了。

蔡元培一听，这还不急了，好不容易等到这么个好机会，怎么又是“竹篮打水一场空”呢？他想想自己，“自离青岛后，本时时做游学计画”[⑦]，多不容易啊！再好好一掂量，自己都快四十了，再这么耗下去，恐怕一辈子难圆这个留德梦。古人说“三十而立，四十不惑”，这个年岁确实对当时的蔡元培是太大的挑战了。所以，想来想去，蔡元培留学心切，最后决定申请自费留学。

蔡元培会放弃他留学德国的理想吗？有什么理由必须坚持留学德国呢？朋友的承诺不能兑现，政府又不肯资助，那个时候又没有现在这么多基金会什么可以申请奖学金，蔡元培所能指望的，还有什么渠道呢？

说实话，说是自费留学，但蔡元培的家底很有限，他又不是张静江，家底殷实，乃是大富商。上次他哥哥说要资助他，还伙同了一班好友来劝他“放弃革命”，但最后变成了一个“骗局”。至少，蔡元培心里一定很不舒服。靠自筹资金，此路不通！

再说，靠政府资助，看来也没门。自己好歹还算是翰林，可是政府说没钱就是没钱，每次让人寄予无限期望，结果都是让人失望无比。这样的政府，不倒台也难！

可蔡元培又不是那种进教会学校的穷学生，像容闳、黄宽他们跟着传教士就能走了。那个时候也没什么外国奖学金，像现在的什么富布赖特、洪堡，多了去了。那个时候这套制度都还没开始呢！

那么，蔡元培还能够有什么样的办法，能实现他的留德梦呢？他想来想去，我能不能“开源节流”呢？节流不必说了，省着点用就是；开源呢？到哪里去开？想来还是蔡元培的官场经历帮忙了，譬如说，清政府不是在德国开办公使馆了吗？我在那儿搞份兼差行不行？那得找到公使大人谈谈，看人家愿不愿意帮忙。好歹自己是个翰林，可以说说吧。

那么，蔡元培究竟有没有得到公使的同情呢？他最后获得了这样的自费留德机会了吗？

注释

①《新年梦》(1904)，载《蔡元培全集》第1卷，杭州：浙江教育出版社，1997年，第422—435页。

②《翁文恭公日记》，光绪十八年五月十七日；转引自周天度：《蔡元培传》，北京：人民出版社，1984年，第5页。

③罗家伦：《逝者如斯集》，台北：传记文学出版社，1967年，第80页。

④转引自梁柱，王世儒：《蔡元培与北京大学》，太原：山西教育出版社，1995年，第12页。

⑤周天度：《蔡元培传》，北京：人民出版社，1984年，第23页。

⑥蔡元培：《自写年谱》，载高平叔编：《蔡元培全集》第7卷，北京：中华书局，1989年，第293页。

⑦蔡元培：《自写年谱》，载高平叔编：《蔡元培全集》第7卷，北京：中华书局，1989年，第296页。

公使的提携：由翰林而留学生

蔡元培希望通过开源节流来实现他的留德梦，那么他的这个如意算盘是否可行？他有没有可能见到清廷的驻德公使呢？这位公使又是个什么样的人物呢？人家又是否会答应他的不情之请呢？

蔡元培幸亏没有辞掉“铁饭碗”，在他留德梦的实现过程中，这个翰林地位还是很起了些作用的。为什么这么说呢？因为，如果蔡元培只是一个普普通通的老百姓，他不可能有机会知道很多的信息，在那个时代，信息还是非常重要的，有的时候，它是用钱也买不到的。但是，作为翰林就不同了，这意味着，你本人拥有非常丰厚的文化资本，而凭借这样一种文化资本，你可以自由地进入一种高层次的社会和政治场域中去。即便，你并没有具体的官职和位置。蔡元培，正是利用了这样一种无形的文化资本，他才能够非常迅速地进入这种场域，并且使用相应的渠道和功能。

他首先了解到，当时清政府正准备派孙宝琦出任驻德公使。孙宝琦是何等的人物呢？孙宝琦(1867—1931)，字慕韩，浙江杭县人，晚号孟晋，曾任清廷出使法兰西、西班牙、德意志大臣及山东巡抚等要职。民国后出任外交总长、国务总理等。其父孙诒经(1826—1890)，曾任同治帝的师傅，号文慤公。

我们一看这个人的经历，就知道这不是一个一般人物，既出身官宦世家，又是官场老手。他不但是清末民初的官场不倒翁，而且也可算得上是革命派的一个朋友和恩人。他在法国做公使的时候，就因为听了张静江的劝说，而暗中帮助了革命党人。李石曾对他评价很高：

孙使是一开明而诚笃之人，此外如中山先生之叛徒盗窃同盟会名单献于孙使，经其烧毁，以至后来在北京援救世界日报成舍我于张宗昌之手，转死为生，至今论者称之。[①]

关于这件事的经过，据说是1904年孙中山在巴黎时，有四个留学生窃取了他的资料，并且跑到公使馆去告密。换了别人，一定将此据为奇功，因为孙中山是当时清政府缉拿的造反派头子啊！而孙宝琦是清政府的高官，这么做也是理所当然的。可偏不，这位孙公使不但没有借这个机会抓孙中山，反而把资料还给了孙中山[②]。试想，如果孙宝琦的做法与1896年驻英公使龚照瑗在伦敦的做法一样，那么孙中山恐怕就要再来一次"巴黎蒙难记"了。而孙宝琦竟然敢这么"冒风险"，毕竟，虽然说在国外是"山高皇帝远"，但这么做如果被人打了小报告，也是相当重的罪名。从这件事情我们可以看出，这个孙公使一点都不简单，他不但有官场的阅历，而且有眼光，也有些担当。所以，当我们了解到这样的背景，也就可以推测，如果蔡元培求到他的时候，他应该不会是断然拒绝的态度，至少应该有商量的余地。可问题在于，蔡元培怎么才能见到孙公使呢？

蔡元培怎样才能见到孙宝琦呢？是不是就贸然地毛遂自荐闯上门去呢？孙宝琦会答应蔡元培的请求吗？这个“后门”能走通吗？

蔡元培虽然只做了翰林之类的清贵官，但毕竟也算是官场中人，一些基本的规则还是懂的。他找了两个人作为“桥梁”，帮忙说情。一是叶浩吾，这个人就是叶翰（1861—1936），维新派人物。另一个更重要，是孙宝琦的兄弟孙宝瑄。蔡元培表示“愿在使馆中任一职员，以便留学”；不但如此，有了铺垫之后，蔡本人“亦自访孙君，承孙君美意，允每月津贴银三十两，不必任何种职务。一方面与商务印书馆商量，在海外为编教科书，得相当的报酬，以供家用”[3]。这样蔡元培留学德国四年的费用终于较为落实，即孙宝琦答应每月资助学费三十两白银；另外再加上商务印书馆约定每月送编译费 100 元，基本解决了他留德期间生活费和抚养家属的问题[4]。

说到底，经费问题最重要，没有经费的保障，留德梦不可能实行。而留德经费的筹措，显然与蔡元培对他有利的社会地位和关系的利用是很有关系的。

这里要插上一笔，说一说这对孙氏兄弟。孙宝琦是个在近代史被相对淹没的人物，但其实很重要，此君不但带出了蔡元培去留德，而且早在此前，还带出了李石曾、张静江留法。而孙宝瑄的官儿虽没他哥哥做得大，但在文化史上的名气却一点都不小，这主要都是因为他写过一部书，叫作《忘山庐日记》，这本书是很有意思的，稍微对近代文化史感兴趣的人都会愿意翻一翻。

应该说，像孙氏兄弟这类人物，在近现代中国历史上扮演了相当重要的角色，虽然未必是冲锋陷阵的领军人物，但有承上启下的功用，有扶持辅助的功能。试想，如果没有孙宝琦带出张静江、李石曾、蔡元培这样的人物，没有他们的留欧经历，中国现代文化史、经济史、政治史就少了许多有趣的可能。

问题是，蔡元培究竟该怎样阐述他的留德理想呢？清政府会批准蔡元培的请求吗？批准了之后，又会加上什么不利的附带条件吗？在通往德国的路上，蔡元培究竟还有多少道难关要过呢?

蔡元培出国留学时的身份并不是“无政府主义”，他虽然已经“停薪”，毕竟还是“留职”，所以他专门给清政府的学部写了个呈文:

窃职素有志教育之学，以我国现行教育之制，多仿日本。而日本教育界盛行者，为德国海尔伯脱派。且幼稚园创于德人弗罗比尔。而强迫教育之制，亦以德国行之最先。现今德国就学儿童之数，每人口千人中，占百六十一人。欧、美各国，无能媲者。爰有游学德国之志，曾在胶州、上海等处，预习德语。今年四月间，敬读《邸抄》，有政务处议准编、检各员游学西洋之奏，因特来京销假。惟是时本衙门已准学部咨称：拟送欧、美各员，暂缓派送等语，故未呈请咨送。职现拟自措资费，前往德国，专修文科之学，并研究教育原理，及彼国现行教育之状况。至少以五年为期。冀归国以后，或能效壤流之助于教育界……⑤

在这份咨文中我们可以看出，蔡的主要目的仍是疏通关系（即便是自筹经费，也是由驻德公使孙宝琦帮忙），否则他没必要再去向已辞官的朝廷请示批准。但尽管如此，其中也流露出他的志业思考与对世界大势的判断，这里摘出三点细加论说。

一是以教育之学为志。虽然有论者认为蔡氏日后留德并未以教育学为专业，故对德国教育有多深刻的认知值得怀疑，而我们如果考察蔡元培在德国选修科目的课程表，也大致可能推出同样的结论。但问题在于，我们是否就可由此推断？此中的逻辑性是否存在就是必然？在我看来不然，因为教育乃是各科学人之集散地[⑥]，虽然也有专业化的趋势，但总体而言，真正具有关怀意识的学者，无论其专业为何，都不太可能完全抛却对教育的兴趣和关注。事实上，不仅当代中国如此，考诸德国历史亦然，从康德的《院系之争》（*Der Streit der Fakultäten*）；1789 年，席勒在耶拿大学演讲“何为普遍历史及普遍历史何为？”（Was heißt und zu welchem Ende studiert man Universalgeschichte?），对“利禄之徒”（Brotgelehrter）与“哲学之士”（philosophischer Kopf）进行区分；

1803 年，谢林(Schelling, Friedrich WJ von, 1775—1854)在耶拿大学开设了“关于学术研究型学习方法”(Vorlesungen über die Methode des akademischen Studiums)的课程，延续席勒的思路，在学理上总结“利禄之学”(Brotwissenschaften)的概念，并摒斥之；1794 年，费希特(Johann Gottlieb Fichte, 1762—1814)发表《论学者的使命》(Einige Vorlesungen über die Bestimmung des Gelehrten)；还有，黑格尔的《论在大学讲授哲学》；施莱尔马赫的《关于德国意义的大学的若干评论》等。这些充分表现出德国古典时代知识精英的某种“整体性”，这些学人因其思想立场的差异，所阐发的大学理念不尽相同，但有一点基本一致，那就是针对其时甚嚣尘上的“利禄之学”，不约而同地强调学术独立和捍卫学术尊严。这一波浪潮在进入现代性彰显期的 19 世纪末到 20 世纪前期更为明显，尼采的《论我们教学机构的未来》关注机制性建构的重要性，韦伯的《以学术为业》(Wissenschaft als Beruf)从学术伦理角度厘清学者的安身立命之根本，海德格尔与雅斯贝尔斯更是不约而同地由哲学视角介入大学问题，无论是前者就任弗莱堡大学校长时的就职讲演《德国大学的自我主张》（Die Selbstbehauptung der deutschen Universität），还是后者强调大学生的精神升华，或强调大学的国家功用，或突出学子主体意识，都指向德国大学的伦理学维度。作为前清翰林兼留德新生，毅然辞去官职而从事各类教育/革命活动的蔡元培，无论其选课与否，都不可能除去他对教育问题的关心。事实证明亦如此，无论是日后两度出任最高教育行政官，还是担任北大校长十年之久，其都以教育/学术为事业鹄的。说他以“教育之学”为志，真是一点都不过分。

二是对德国学术/教育发达的明确认识以及对德语学习的重视。这两点合在一起，就是他所言：“救中国必以学。世界学术德最尊。吾将求学于德，而先赴青岛习德文。”[7]蔡元培的救亡/启蒙意识都很强烈，但自家的路径选择却思路很清晰。戊戌之际，他虽思想倾向维新，但却并未身与，甚至政变一起旋即辞职出京，其“自下做起”的轨迹也很清楚。但显然他已意识到，如果仅仅是怀抱一腔热情、喷吐胸中热血，那仍旧是无济于事的。彼时中国国门固开，而西学东渐则为大势所趋。正是在这样一种背景里，他明确地区分了“西学”的不同来源和自家的选择趋向。应该说，这是相当有眼光与定力的。20世纪初期，正是留日潮极端兴起之际，如果以1896年清廷派遣唐宝锷等13名留学生赴日留学为开端[8]，则1906年左右以逾万人的规模达到最高峰，所谓“在二十世纪的最初十年中，中国学生前往日本留学的活动很可能是到此时为止的世界史上最大规模的学生出洋运动”[9]，而正是在如此汹涌喧腾的留日潮中，蔡元培颇有“众人皆醉我独醒”的姿态，坚不留日，也正是因为他对世界学术有一个通盘的考量，对自己留学的目的有总体的把握。因为即便是主张留日最力的晚清重臣兼文史领袖张之洞，也埋下伏笔称：“若自欲求精、求备，再赴西洋有何不可？”[10]所以，具体策略或有不同，但对问题本身的深度洞察，仍逃不过“英雄所见略同”这句老话。故此，在一流知识精英的心目中，留学东洋始终不过是初级阶段与不得已的策略选择而已。对于一心以求知为职志的蔡元培来说，既然要学，当然要到世界学术的中心地。

三是对世界以德为师这一文化史现象的敏锐把握。与同时代或稍后的知识精英如马君武、张君劢、梁希等先留日再留德或林语堂、贺麟、陈铨等先留美再留德的选择不同，从一开始，蔡元培就坚定自家的留德决心，而且是不惜以拒绝留日为代价的。其实，此前蔡元培已学习日语并有游日经历，甚至在游日过程中结识了自杀未成被遣返的吴稚晖(多少有些“患难之交”的意味在)。事实上，日本人在明治维新之后，确实亦大开留洋之风，而尤其以选择德国为标志。1862 年，福泽谕吉就设想“建立像德意志联邦那样的国家”，到后来经过明治制度创建者们的努力，真的在日本建立了以德国为楷模的政治军事制度，最终“把日本也造就成像德意志帝国那样的军国主义怪物”，而我们不可忽视的是，“当山县有朋创建帝国‘皇军’的时候，伊藤博文负责制定宪法，他的幕僚班子和山县有朋一样挤满了归国的留德学生和德国顾问”[11]。具体到教育领域，“日本的教育体制及内隐的教育价值观主要是以德国为蓝本的，二者之间有着相当多的共通性”[12]，这一点亦为中国精英人物所认知，如康有为就称：“今各国之学，莫精于德……日本同文比邻，亦可采择。请远法德国，近采日本，以定学制。”[13]对这些背景，蔡元培看来是有所了解的。不但如此，他还熟悉美国人因留德而以德为师的情况，能从世界文明盛衰与留学史的大维度中阐释留学的重要意义：“昔美当十九世纪前半，衰弱不振，欧洲列强不以同等国视之。美知转弱为强，非兴教育不可，于是开办学堂，遍立报馆，凡可使教育发达者，无不竭力从事。但卒以人材稀少，虽有大学，未臻完善，爰遣大学毕业生留学德国，冀截德国之长，以补其短。其结果，适如所期，著述发明，迭出不鲜。比年以来，进步尤速，其科学大家，类能独树一帜，以与德国相对峙。此美国假途于留学，以致其富强者也。”[14]接着又举日本留学而致富强之例。强调的正是：“国家富强恃乎人材，人材陶铸端赖教育”，而“当教育初兴学术幼稚之时”，就应“派生留学尚矣”[15]。当北大校长时尚且如此，更何况他选择留德是在清末混沌、大学学术连幼稚都无法谈及之际呢？

从这三点来看，蔡元培的留德选择确实是经过“深思熟虑”，而且一经定计，全力以赴、百折不挠，不达目的决不罢手，故此说留德是蔡元培的“魂牵梦萦”似亦不为过。而且就我看来，蔡元培日后的留德实践，也基本不违背他的这份呈文，因为所谓“专修文科之学，并研究教育原理，及彼国现行教育之状况”，实际上是两部分内容，一是在入学专业上乃是“文科之学”，这从他在莱比锡大学修课中可得以证实；另一部分关于教育的内容，则是研究教育原理与考察教育现状，前者由自家自由阅书而得，后者则通过社会参观而获。当彼时教育学尚未蔚然成为显学之际，以此为专门之学业，确似也显得过于“奢侈”，故此蔡元培的咨文述志与专业选择之间自有其内在逻辑，而并非“毫无关联”。这样一篇洋洋洒洒的报告，果然效果很好。蔡元培自费留学的要求得到了清政府批准，批文对他这一行为颇加赞赏，说是：“该编修自措资斧，前往欧洲留学，志趣远大，洵属可嘉，应即咨送。”[16]

不过，我认为蔡元培写这份咨文还有一个很重要的现实原因，还是“为了钱”，就是经费。一是为了现实的利益：“查本衙门恩赐津贴分派章程，游学人员，亦得月领半份。职出京以后，拟由现为译学馆学生之职胞侄学琦遣仆持执据领取。”还有则为了将来的可能：“将来本衙门实行咨送编检游学西洋之时，为职补入官费生额内。”[17]年届不惑（将近 40 岁）的蔡元培仍执着地坚持着，他一定要完成他去德国留学的这个愿望。因为，这是他的一个梦啊！但是这个梦实现得又是多么不容易！

经历了种种艰辛，蔡元培终于在 1907 年 5 月间“随孙使由西伯利亚铁路赴德”[18]，于六月初二日抵达柏林。

蔡元培在德国度过的四年留学时光是怎样的呢？一个已过不惑之年的老学生是如何开始他的异域求知生涯的呢？

注释

①《二十二岁出游四海》，载中国国民党党史委员会编：《李石曾先生文集》下册，台北：中国国民党党史委员会，1980 年，第 73 页。

②赵芳芳：《孙中山》，合肥：黄山书社，2015 年，第 79—80 页。也有论者称是 1904 年孙中山在德国时，奸细混入兴中会分会而盗去重要文件并密报给清廷驻法公使馆，张静江力陈于时任驻法公使的孙宝琦，而得以遮掩过去。参见张素贞：《毁家忧国一奇人——张人杰传》，台北：近代中国出版社，1981 年，第 11—12 页。此说似不如上说有说服力。唐德刚：《袁氏当国》，台北：远流出版事业股份有限公司，2002 年，第 40 页。第一章提到南京临时政府成立时，当时的海军部副总长汤芗铭，就是 1904 年向孙宝琦告密的学生之一。他是汤化龙的兄弟，也是个奇才。就是投机。

③蔡元培：《自写年谱》，载高平叔编：《蔡元培全集》第 7 卷，北京：中华书局，1989 年，第 297 页。

④蔡建国：《蔡元培与近代中国》，上海：上海社会科学院出版社，1997 年，第 96 页。

⑤蔡元培：《为自费游学德国请学部给予咨文呈》(1906 年冬)，载《蔡元培全集》第 1 卷，杭州：浙江教育出

版社，1997 年，第 452 页。海尔伯脱即“赫尔巴特”(Herbart, Johann Friedrich, 1776—1841)，德国哲学家与教育家；弗罗比尔即“福禄贝尔”(Fröbel, Friedrich, 1782—1852)，德国哲学家与教育家，裴斯泰洛齐的学生，并于 1837 年建立了第一所幼儿园(Kindergarten)。Schwachulla, Wolfram: Der Brockhaus in einem Band. Leipzig & Mannheim: Brockhaus, 1996. S. 378. S. 304.

⑥如有论者就认为：“从事学术史、思想史、文学史的朋友，都是潜在的教育史研究专家。因为，百年中国，取消科举取士以及兴办新式学堂，乃值得大书特书的‘关键时刻’。而大学制度的建立，包括其蕴涵的学术思想和文化精神，对于传统中国的改造，更是带根本性的——相对于具体的思想学说的转移而言。”见陈平原：《阅读　大学　中文系》，广州：花城出版社，2017 年，第 141 页。

⑦黄炎培：《吾师蔡子民先生哀悼辞》，见梁柱：《蔡元培与北京大学》，北京：北京大学出版社，1996 年，

第12页。

⑧这13人是唐宝锷、朱忠光、胡宗瀛、戢翼翚、吕烈辉、吕烈煌、冯訚谟、金维新、刘麟、韩筹南、李清澄，还有两人只知一姓王、一姓赵。见李喜所：《近代中国的留学生》，北京：人民出版社，1987年，第118页。

⑨[美]费正清编：《剑桥中国晚清史(1800—1911年)》下卷，北京：中国社会科学出版社，1985年，第393页。

⑩张之洞：《劝学篇》，上海：上海书店出版社，2002年，第39页。

⑪有论者进一步认为："事实上作为现代化的后起者，德意志帝国只是个发育尚未完全的'现代'社会，而日本'向西方学习'，最终落实到以德国为榜样，这不可不说是一个巨大的失误。"参见钱乘旦：《论明治维新的失误》，载《新华文摘》，2000年，第8期，第75—77页。山县有朋则深刻论述了英美学与德国学的差异性，在他看来，日本大学使用的是英国教材，学生毕

业后散布各地，也一概讲授英美学。“日本学士书生万口一声，称赞英国之学，对英国政治抱倾慕之情，已不足奇。”青年都去学习英美学，这将贻害终生，之所以对英美学在青年中的普及而深感忧心，是因为与其政治立场密切相关。他对英国政体是很反感的：“抑观英国之治风，所谓议院政体，以政党掌国家之实权。”说到底，英国政治体制不符合日本的传统与国情，这从他对德国政治的推崇要点上不难看出：“德国乃立宪君主政体，用君主内阁之组织，君主与内阁独立于议院政党之外，议院不能制国家之全权。”见［日］山县有朋：《变则设德国学校议》，松本三之介、三室信一编：《日本近代思想大系·学问与知识人》，东京：岩波书店，1988 年，第 174 页。关于这个问题，可参见盛邦和：《学哪一个“西方”？——日本关于德国学的辩论》，下载自《世纪中国》，网站：www. cc. org. cn。

⑫田正平主编：《中外教育交流史》，广州：广东教育出版社，2004 年，第 588—589 页。

⑬康有为：《请开学校折》，载陈学恂主编：《中国近代教育文选》，北京：人民教育出版社，1983 年，第 109 页。

⑭《请于美国退回庚款留学名额中增加北大人选呈》，原载《北京大学日刊》第 125 号，1918 年 5 月 1 日，引自高平叔编：《蔡元培全集》第 3 卷，北京：中华书局，1984 年，第 168 页。

⑮同⑭。

⑯蔡元培：光绪三十二年十二月十八日日记手稿，转引自蔡建国：《蔡元培与近代中国》，上海：上海社会科学院出版社，1997 年，第 96 页。

⑰蔡元培：《为自费游学德国请学部给予咨文呈》(1906 年冬)，载《蔡元培全集》第 1 卷，杭州：浙江教育出版社，1997 年，第 452 页。

⑱蔡元培：《自写年谱》，见高平叔编：《蔡元培全集》第 7 卷，北京：中华书局，1989 年，第 297 页。

初识柏林城：求学而不得其门

1907年，蔡元培坐着火车，穿过了西伯利亚，终于到达了柏林，他心目中梦寐以求的学术圣地。那么，当时的柏林是什么样的呢？

1907年7月11日，蔡元培来到柏林，一共用了两个月的时间。好在他这次是沾了官僚的光，随着驻德公使孙宝琦一起坐车来到了德国。而且，蔡元培并不算孤单，除了他以外，还有几位同赴德国留学的同学，彼此之间共同话语自然要多一些。蔡元培自己是这样回忆这段旅程的：

孙使率参赞、随员十余人，所能记忆的，有王君钦尧夫妇、项君致中、李君、张君等，我以外，又有赴德留学的三人，为齐君寿山(宗颐)、钱君轶裴(方度)及福建许君。[1]

这位孙宝琦果然是个有见识的人，所带学生不止蔡元培一人，而像齐寿山这样的人，则是李石曾的朋友(他们是世交，其父亲齐禊亭名齐令辰，清末壬辰进士，是李石曾的老师，还与蔡元培同年殿试)，也可说是老关系了。这种顺水推舟的人情，对于孙氏这样“圆滑通融”的官僚，乐得锦上添花。而且公使兼带留学生，也是晚清以来的一个习惯。

到了柏林，自然不可能有国内一样好的条件，首先就表现在住宿条件上。蔡元培得和两位同学同寓，一位是齐寿山，一位是钱方度，好在一路上两个月的旅程，互相都已很是熟悉了，相处并不困难。而且齐、钱二氏各有所长，对蔡元培也颇有助益。齐寿山是河北高阳人，本来就是译学馆的学生，学过德语。而顾孟余(兆熊)则是齐寿山原来的译学馆同学，此时已在柏林留学数年，所以“诸事熟悉，我等所请的德语教员，均顾君所代选代订”[2]。

有了顾孟余这样一个“向导”，他们进入柏林的留德学人圈与文化场域也就方便得多。蔡元培很快又认识了其他一些朋友：薛仙舟、宾步程、马君武、夏浮筠(元瑮)等，大家“时相过从”。

柏林终于见到了，朋友也有了，而且能和大家一起相交游，自然是很快意的。那么柏林城，当时德意志第二帝国的首都，究竟是怎么样的呢？遗憾的是，这些留德学人(包括蔡元培自己)都几乎没留下什么记载。一位著名的德国学者本雅明写过一本书，专门描述了他儿时成长的柏林，时间上大约差不多，就是 20 世纪初期的柏林，他如此阐释那立于市中央的胜利纪念碑(1870 年普鲁士在色当战役中战胜法国)：

人们向我解释过胜利纪念碑上饰物的来源。但我没有完全搞明白那些作为饰物的炮筒究竟是怎么回事：是法国人当初推着金子做的大炮去打仗的？还是我们拿了他们的金子做成了这些金炮。胜利纪念碑的基座由一条圆型回廊环绕……我感到在静谧中，胜利纪念碑回廊上闪闪烁烁的英雄们的业绩与那些被旋风鞭打被树墩碾得血肉模糊、被大块冰山冻住的邪魔恶鬼的忏悔一样地臭名昭著。因此这个回廊其实就是地狱，是对辉煌的胜利女神周围受到上帝恩典的那群人的反衬。[③]

作为知识人的本雅明，对象征德意志帝国军力强势的胜利纪念碑如此充满讽喻，多少表现出其日后逐渐形成的精英批判立场。但若论实际，从一般立场来理解，1900年前后的柏林确实可以称为是“如日中天”，在德国它是最大的都市，拥有全德工业企业的1/12、工业人口的1/10；不仅如此，它在银行资本、股票市场方面亦表现出色[④]；到1910年时人口则超过了200万[⑤]。它不仅在世纪之交时成为“世界城市”(Weltstadt)，同时也为“学术与文化之都”(Stätte der Wissenschaft und Kultur)，拥有像普朗克、爱因斯坦、冯塔纳、莱因哈特这样的大师级人物[⑥]。

中国人眼里的柏林是怎样的呢？比蔡元培稍后一些到达柏林，1913年出任驻德(瑞典、丹麦)等三国公使的颜惠庆(1877—1950)这样记录道：

当时的德国经济繁荣，国力鼎盛。从城市的清洁及整齐有序的角度来看柏林，其确是一座优美的城市。入夜，大街上灯火通明，有如白昼。近郊园囿名胜林立，尤其是从柏林到波茨坦一带游览胜地星罗棋布，景色迷人。在柏林城内，使人驻足留连的是皇宫、博物馆、豪华大饭店、大百货店、剧场、歌剧院以及公园和花园。[7]

颜氏笔下的柏林，对德国人的精神意味其实更加浓重。确实，这些落实在外观上优美的风景，背后体现的乃是作为一国一民族的精神和文化底蕴。不过，对于刚刚来到德国的蔡元培来说，满怀着留学求知愿望，一切都还刚刚开始，可能还来不及仔细品尝这异国的大好风光。那么，他都在忙些什么呢？

蔡元培的德语水平究竟怎样呢？他到了柏林之后，能自如地与德国人进行交流沟通吗？如果不能，他该怎么办呢？始终是借助朋友的帮助，抑或发奋努力学习德语？柏林能够给他提供一个良好的学习环境吗？他能接触到作为世界学术中心的德国学术精华部分吗？

来到一个陌生的国家，最重要的就是解决语言问题。否则就变成了“瞎子和聋子”，既不识字，也听不懂别人说什么，更不能表达自己的意思，这样的生活岂非毫无意义？对于蔡元培来说，首先面临的就是这个问题。

其实，蔡元培早就计划好了要留学德国，所以学习德语早就是他计划中的事情。蔡元培说过：“救中国必以学。世界学术德最尊。吾将求学于德，而先赴青岛习德文。”[⑧]留学德国的重要准备工作就是学习德语，而且是去青岛。为什么要去青岛呢？这里面有原因，当初列强瓜分中国之时，德国落后了，因为俾斯麦采取的一直是欧陆政策，就是以维持欧洲大陆各强国之间的均势平衡为中心的政策，所以对扩展殖民地不是很积极；到了威廉二世不肯干了，小伙子年轻气盛，身体又有隐疾，所以有很强烈的自尊心，他要树立自己的权威，就不愿在老宰相的阴影下生存，所以登基两年后就让“铁血宰相”离职了。他要实行自己的政策，这就是所谓的“世界政策”，正是在这个背景下，德国人搞了一出强占胶州湾的暴力剧。青岛成为德国殖民地后，一方面当然是一种耻辱，但另一方面却也成了另外的机缘，譬如蔡元培就在这里比较便利地学习了德文。蔡元培曾经利用过一个机会想去德国留学。那是在1903年，当时的主要目的是到德国去学习军事，而在赴德留学的动因上则包含了些偶然因素。

当年的蔡元培，是一个“上马击狂胡，下马草军书”的英雄角色，如前所述，他当年参加爱国学社的革命活动已受到清政府注意，甚至作为中国教育会和爱国学社的主要成员在预定逮捕首位[9]。所以他的长兄朋友们劝他离沪出国留学，主要是为了避祸，当时蔡元培开了个条件，就是要到德国留学，那些人为了糊弄他也答应了。他就去了青岛拜师学习德语，后来爱国学社停办，没有危险了，这些朋友们“遂取消集款助学之约，而属我长兄留我于上海，谋生计。于是我不能再往青岛，而德语亦中辍”[10]。一转眼过了好几年，虽然德语搁下了，但留德的梦却没有灭。因为对于那个年代的知识精英来说，德国实在是太过神圣了。恐怕比20世纪80年代留美梦更有理想色彩，后者毕竟是一种“北京人在纽约”的味道，因为他们所求者不同，所见者亦迥异。

对蔡元培的德语水平做个考察，一定很有趣。因为这关涉蔡元培的立身之本问题，德国知识资源向来被认为是他日后在中国教育场域大显身手的重要资本。1919年8月，执政段祺瑞麾下的机关报《公言报》连续刊出署名思孟的《北京大学铸鼎录》，对北大人物一一贬嘲，身为校长的蔡元培也难以逃过。说他“天资过人，留德五年，竟识字至百余”，然后即认为“治哲学无难也”，于是大搞北大新政[11]。于是，这里就出现了一个问题，数度留德，并以德国学术为重要资源的蔡校长，其德文水平究竟如何？我的判断是，蔡元培具备基本的德文素养，虽听说可能并非其长，但读书则没有问题。

蔡元培因其留德经历，所以与德国友人交往颇多，那就难免有书信来往。其中，就有与德国著名历史学家，也是他在莱比锡大学求学时的老师兰普莱希特的书函往来。兰氏来信的德文件用词相当简略，想来应是照顾到蔡元培的阅读水平的。另外，蔡元培参加康德纪念大会，原文亦是用德文撰作，想其在大会上也是用德文朗读的。以蔡元培的康德认知，不会只是寥寥数句，估计主要因为他的德文发音可能不是太好，与其朗读得不是很驯雅，还不如藏拙，点到为止。但另外一个证据也值得重视，当时在北大德文系任教的德国专家欧尔克，他对蔡元培德文的评价是，选词典雅。这是德国专门的语文学家，是真正的德语专家，他的评价，显然有一定的权威性。由此，我们大概可以看出蔡元培学习德语的特点，可能如今日的听说之类的基本功并不很扎实，但对于求渊深的读书则可能涉猎颇广。

蔡氏有用德文发表的文章，但显然并非自家动笔。1925 年，蔡元培致函卫礼贤，就提及了自己的文章："想您已由中国公使收到我的稿子，耶格博士又替我改过，现寄上（修改稿）。文中不当之处，还望先生赐教。"[12]这里是请外国人做修改，显然应是用德文作的文章，所以从中也很难看出蔡元培真实的德语写作水平，但至少他是可以动笔写的。

蔡元培在留德时代曾如此谈论自己的德文水平："到此已将半年，而德语程度，尚甚幼稚。"故有"现惟专修语学，亦未尝有所考察”之语[13]。对自己的德语水平显然很不满意，但这并不能代表他的真实状况。实际上，最学无止境的，就是语言，任何一个人，难道他敢随便说自己的语言已经很完美了？各位是中国人，觉得自己的汉语水平如何呢？所以，蔡元培的德语学习，很典型地代表了一种自觉求知、不断进步的意识，这是特别值得学习的。因为，在蔡元培看来，外语学习是一种非常重要的求知手段，他认为：“今后学人须具有世界知识，世界日在进化，事物日在发明，学说日新月异，”所以他主张以日语为了解西方文化的桥梁：“因为日本翻译的西书很多，而且书价贱，能读日文书，则无异于能遍读世界新书。”[14]但和一般的留日学人相比，他不仅满足于转贩的手段，所以“他自学习日语开始（1898 年，三十岁），继之又先后学习了数种欧洲语文，他认为如果不通欧洲文字，则西洋一切文化，均无从了解。他学习了英语（1899 年，三十一岁）、拉丁文（1902 年，三十四岁）、德语（1903 年，三十五岁）、法语（1913 年，四十五岁）、意大利语（1923 年，五十五岁）。并提倡学习世界语，主张在国际上采用世界语，亲身担任北京世界语学校的校长(1923 年)。尽管在学习过程中遇到过阻力，以高标准来衡量，有时被人贻笑大方。但是蔡元培至少在日语与德语方面，都可以自由浏览，可以笔译，德语并达到可随班听讲的水平"[15]。蔡元培不仅是多维留学人的代表，而且在求知过程中更以外语为手段试图达致“知识多元”的真正可能。德语虽非精通，但蔡元培已经可以用其来作为求知的良器。

我们知道，蔡元培之所以选择到德国留学，是因为他认为世界学术德最尊，真是如此吗？德国大学，尤其是柏林大学究竟有怎样的世界地位和影响力？蔡元培满怀着对德国大学与学术的憧憬和崇敬来到德国，他是否如愿以偿进入柏林的大学学习了呢？他拿到德国的学位了吗？

确实，如同蔡元培所认识的那样，当时的德国确实是世界学术的中心。柏林大学更是世界范围的高等教育的明珠般的地方。比较一下，就如同今天我们谈论美国的哈佛大学那样；可在那个时候，哈佛可算不上一回事，骄傲的欧洲人根本不把哈佛放在眼里，法国著名的汉学家伯希和曾拒绝哈佛大学的聘请，仅推荐弟子应聘。1924 年，赵元任想辞去哈佛大学的教职，美国人提的条件是要他找到“相当资格的人来代替”，并暗示说“找陈寅恪如何？”当其时也，陈寅恪已由美转德，留学于柏林大学，他在接到赵元任的来函后，如此回复：“我不想再到哈佛，我对美国留恋的只是波士顿中国饭馆醉香楼的龙虾。”[16]哈佛学术与美味龙虾，将这两种东西拿来相提并论，当然是陈寅恪的幽默，但其后隐藏的价值判断，却也有趣。更不用说作为学术冠冕之王的德国人了。那么，这样的德国大学，会接受蔡元培这样的学生吗？

孔子云：“三十而立，四十不惑。”可蔡元培毕竟已经是年近不惑，四十虚岁了。在今天或许不算老，可在当时这个年纪实在是够大的了。果不其然，他在申请进入德国大学时就遇到了问题。经过 18 世纪哈勒大学与哥廷根大学的革新，更经过 19 世纪初以柏林大学为代表的改革运动，到 19 世纪中期，德国大学已经明显在世界上占有领先地位，拥有多所世界第一流的高等学府。柏林大学更是长期以来享有世界性声誉的名校[17]。高等教育的发达，也促进了德国社会经济的发展，增强了德意志的国力；而德意志国家的统一，也促进了大学的进一步发展，使得德国成为当时世界教育、学术与科学的中心。蔡元培留德时代恰在第一次世界大战之前，正是德国大学的鼎盛时期，也是“近代世界高等教育发展的巅峰”[18]。要知道在稍早一些时候的 19 世纪，不仅是亚洲人，如中国人或日本人，更多的外国人是要到德国来留学的。最为著名的例子就是，“到 1900 年为止，横渡大西洋到欧洲伟大的学术研究中心，主要是德国的大学留学的差不多 1 万名美国学者，坚定地服膺于学术研究和以科研为基础的教学和学习的思想回到美国”[19]。这一国际教育交流史上的划时代事件，使得美国后来发生了学术革命，并在 20 世纪 30 年代后迅速崛起，取代德国成为世界高教与科研中心。德、美教育及学术的消长，分水岭为纳粹上台的1933年。因为，直到20世纪第二个十年的德国，仍然是世界上最优秀的高等教育与科研中心。从洪堡最初创办柏林大学开始，柏林就是德国知识与精神的一种象征。德国人在自家国难背景下创办的大学，却成了民族崛起的动力源泉和知识基地，这是特别值得探究的。

所以也就难怪，求知心切的蔡先生满怀着一肚子崇敬和向往，来到德国的首都，准备开始一种纯粹的求学生涯。然而，以德国人的骄傲和挑剔，会怎样对待这样一个在东方已经获得了他自己教育体制内最高地位的学生呢？

按照蔡元培的说法，“适同学齐君宗颐持使馆介绍函向柏林大学报名，该大学非送验中学毕业证不可，遂改往来比锡(Leipzig)进大学”[20]。显然，柏林大学有着比较严格的入学程序，中国其时虽然也逐步改革学制，向西方学习，但对像蔡元培这种在传统教育体制中出身的学人来说，让他提供中学毕业证自然是“过于苛求”。不过，话说回来，当时在柏林大学留德的中国学生颇多，若说他们都有毕业证则也未必，所以其中仍有待加考证之处。有学者就认为与其这么说，或者更因为蔡元培是为了“寻求更安静更理想的学习环境”，因为在柏林的应酬实在太多[21]。这种解释有一定道理，但我认为当事人的自述也同样值得尊重，因为蔡元培在此没有必要撒谎。

无论如何，蔡元培没有轻而易举、如愿以偿地进入柏林大学学习，而是选择了离去，离开作为德国首都的柏林，放弃进入世界一流大学的柏林大学。那么，蔡元培到哪里去继续他的留德之梦呢？

柏林大学拒绝了蔡元培，那么蔡元培怎么办呢？不符合人家的招生标准，难道就因此而放弃了万里求学的梦想吗？蔡元培有没有可能寻到别的途径来实现他的留德梦呢？在异国他乡，有谁能帮助他呢？

柏林大学通融不了，可并不代表所有的德国大学都是如此不近人情，甚至拒绝来此求学之人。天无绝人之路，这个时候，蔡元培想起了他的一位旧相识，孔好古（August Conrady，1864—1925）。大家一听这个名字，觉得挺有趣，他不是中国人，而是一个德国人。德国人怎么会取个中国名字呢？原来，这是一位汉学家。汉学家，当然就是以中国和中国文化为研究对象的学者。这位老兄在北京待了不到一年，就急急忙忙地申请回家去了。为什么，是想念德国的啤酒了？不是，原来他发现现实的中国和他理想中的“中华上邦”不是那么一回事。1903 年，孔好古受聘于京师大学堂，教授德国语言文学。他本就认为这样是不务正业，会耽误他研究汉学。只是在夫人的劝说之下，才勉强成行。来到北京八个月后，就宁可违约归国了。他情愿留在德国的土地上，在书斋里与“中国古人”为伴，读“文言古书”，去“神思玄想”，以构建他的“中国想象”，也不愿意亲历中国活生生的社会历史巨变[22]。

我们很难确证他们在中国是否就认识。但就这么一个人物，和蔡元培交上朋友了。蔡元培对莱比锡大学显然颇有好感，按照他的说法：“该大学设有中国文史研究所，主持的教授为孔好古氏，彼甚愿招待中国学生，我由彼介绍进大学，毫无留难。”[23]能够遇到一个合适的对象很重要，我们讲人和人之间是讲究情谊和缘分的，蔡元培和孔好古的交谊其实值得深入探讨，以蔡元培这样在中国已经大有身份的人物，到德国来“屈尊”当学生，真是显示出我们中国学者“三人行，必有我师焉”的谦虚好学精神，但柏林大学显然过于刻板，不但对蔡学士没有认真对待，甚至连入学之门都毫无通融，这显示出相当的“官僚主义”。不过也可以理解，柏林大学直到1912年才正式建立汉学研究所，他们对中国文化不太懂，还没有专门的汉学学科。

所以，对蔡元培在德国遇上的困难，孔好古可算帮了大忙。但在柏林他帮不上忙，因为他是莱比锡大学的教授。在莱比锡大学，他显然很是得心应手，蔡氏入校求学“毫无留难”，虽然用语极为有限，但前后比较的心理，以及对莱比锡大学提供的入学方便，显然是一清二楚。

对蔡元培来说，转学莱比锡，乃是留德时代一个重要转折，因为这意味着他的留德不再仅仅是一个虚空的头衔，而是能真正进入德国大学的课堂，亲聆第一流德国学者的授课，进入德国人的学术与精神世界。

注释

①蔡元培：《孑民自述》，朱鸿召编选，南京：江苏人民出版社，1999 年，第 49 页。

②同①。

③[德]本雅明：《驼背小人：一九〇〇年前后柏林的童年》，徐小青译，上海：上海文艺出版社，2003 年，第 19—21 页。

④Gahrig，Werner & Schulze，Horst & Weise，Klaus：750 Jahre Berlin - Illustrierter Überblick über die Geschichte Berlins（柏林 750 年——插图本柏林简史）. Berlin：Berlin-Information，1987. S. 71.

⑤Gahrig，Werner & Schulze，Horst & Weise，Klaus：750 Jahre Berlin - Illustrierter Überblick über die Geschichte Berlins（柏林 750 年——插图本柏林简史）. Berlin：

Berlin-Information, 1987. S. 72.

⑥详细论述，请参见 Gahrig, Werner & Schulze, Horst & Weise, Klaus：750 Jahre Berlin - Illustrierter Überblick über die Geschichte Berlins（柏林 750 年——插图本柏林简史）. Berlin：Berlin-Information, 1987. S. 71—76.

⑦颜惠庆：《颜惠庆自传——一位民国元老的历史记忆》，吴建雍等译，北京：商务印书馆，2003 年，第 112 页。

⑧转引自梁柱：《蔡元培与北京大学》，北京：北京大学出版社，1996 年，第 12 页。

⑨周天度：《蔡元培传》，北京：人民出版社，1984 年，第 23 页。

⑩蔡元培：《自写年谱》，载高平叔编：《蔡元培全集》第 7 卷，北京：中华书局，1989 年，第 293 页。

⑪思孟：《息邪 · 蔡元培传》，载《公言报》1919 年 8 月 7—8 日。

⑫《致尉礼贤函》（1925 年 7 月 23 日），载《蔡元培全集》第 11 卷，杭州：浙江教育出版社，1998 年，第

240 页。

⑬《复汪康年函》(1907 年 11 月 22 日)，载高平叔编：《蔡元培全集》第 1 册，北京：中华书局，1984 年，第 397 页。

⑭黄炎培：《敬悼吾师蔡孑民先生》，1940 年 3 月 23 日，重庆《大公报》。见张寄谦：《蔡元培的中西文化观》，载蔡元培研究会编：《论蔡元培》，北京：旅游教育出版社，1989 年，第 165 页。

⑮张寄谦：《蔡元培的中西文化观》，载蔡元培研究会编：《论蔡元培》，北京：旅游教育出版社，1989 年，第 165—166 页。

⑯赵元任、杨步伟：《忆寅恪》，载钱文忠编：《陈寅恪印象》，上海：学林出版社，1997 年，第 17 页。这个醉香楼，在吴宓 1919 年 8 月 22 日日记里有记载："午后四时，陈君招至醉香楼吃饭。"吴宓：《吴宓日记》第 2 册，北京：生活·读书·新知三联书店，1998 年，第 56 页。

⑰为纪念柏林大学的创建者威廉·洪堡(Wilhelm von

Humboldt，1767—1835)，后改称柏林洪堡大学。

⑱转引自贺国庆：《德国和美国大学发达史》，北京：人民教育出版社，1998 年，第 182 页。

⑲[美]伯顿·克拉克：《探究的场所——现代大学的科研和研究生教育》，王承绪译，杭州：浙江教育出版社，2001 年，第 3 页。

⑳蔡元培：《孑民自述》，朱鸿召编选，南京：江苏人民出版社，1999 年，第 50 页。

㉑参见陈洪捷：《德国古典大学观及其对中国大学的影响》，北京：北京大学出版社，2002 年，第 145 页。

㉒可参见 Conrady，August：Acht Monate in Peking(北京八月)．另参见 Erkes，Eduard："Georg von der Gabelentz und August Conrady"(甲柏连孜与孔好古)，in Karl Marx Universität Leipzig (1409—1959)—Beiträge zur Universitätsgeschichte(卡尔·马克思莱比锡大学 1409—1959 年——大学史论文集)．Band 1. Leipzig：Verlag Enzyklopaedie，1959. S. 451-457.

㉓同⑳。

且为稻粱谋：授课应酬且编书

蔡元培从中国来到德国，从北京来到柏林，目的是在这个世界现代学术的中心地来实现他梦寐以求的求知之路。可遗憾的是，理想与现实之间竟然有如此之大的差距，蔡元培这个老学生根本没有机会坐在一张宁静的书桌旁，安心求学。那么，除了柏林大学严格的入学规定之外，还有什么其他因素影响他的求学计划呢？

其实，按照马克思主义原理，经济基础决定上层建筑；推而广之，任何事物都不可能完全脱离物质基础而存在，对作为留学生的蔡元培而言，经济因素虽非至关重要，但绝对是根本性因素。所以我们看蔡元培虽然很早就有留德之志向，但一直不能成行，经济都是最重要的制约因素。最初期望于政府，希望得到官费的资助获得个人的留学机会，这时蔡元培甚至不惜重新运用其翰林的文化资本；其后指望于亲友，甚至不惜放弃暗杀暴动革命的豪情壮志。然而，这些方法都没有成功，最后蔡元培采取的是一种混合了多种手段的方法，即既运用自己的文化与社会等象征资本，借助官方的力量(如清廷的驻德公使)，同时更主要的是利用自己的私人关系网络渠道，如此形成合力，最终达到借船出海的目的。

晚清之走向世界，派驻使节是很重要的一种方式。但对于外交官的研究，似乎还很不够。除了一般意义上的政治性作用之外，使节的“非主流功用”也特别值得重视，譬如其中之一就是带出留学生。我们看一看，其实有见地的公使，都会注意到这个问题。从郭嵩焘开始，这种由外交官(以公使为主)携带留学生而到驻外国的模式，其实已经形成一种通例，这多少有些像前辈之提携后辈的“伯乐相马”，更不用说专门派出的留学生监督之类的外交官。

我们看这次蔡元培能够成功留德，孙宝琦是一个关键性的人物，正是因为他担任驻德公使，才拥有了由国家所赋予的人事权力。如果没有这样一个大人物的鼎力相助，蔡元培很难获得留德的机会。不过这也要感谢其时所赋予公使权力的灵活性，就是公使可以自由度相当之大地来决定是否选带以及选带何人，如果放到现如今，即便是大使，没有经过人事部门批准而雇佣人员，那也是违反规定的，不可行的。可在那个时候就行，孙公使不但这次带出了蔡元培，在上一次担任驻法公使的时候，还带出了张静江、李石曾等人，为日后中国的留法学统培养了至关重要的关键性人物，他们更开辟出现代中国建设的极为特殊的范式。

无论如何，年近不惑的蔡元培终于获得了他梦寐以求的留德机会，不远万里，风尘仆仆，从远方的中国，穿越西伯利亚，奔着德意志来了。万里投荒，期待的是一种怎样的精神和知识世界呢？

蔡元培本来要到德国来当学生的，但遗憾的是，德国人课徒甚严，不像古代的中国人，拜了孔子像就可以授课，开始当好学生，所谓“有教无类”。德国人有严格的招生规定，蔡元培年纪太大，又没有中学毕业证书，不符合这个规定，就难以正式入学。所以，蔡元培在柏林反而是当起老师来了。蔡元培是给谁当老师呢？德国人吗？

课徒。这就要说到一个比较普遍的现象，那就是当时的留学生往往一身而兼多职，可以读书，也可以教书，读书是正业，教书自然是为了赚钱。蔡元培在柏林期间不能专心求学，与赚钱糊口也有很大关系，他自己称之为“每日若干时习德语，若干时教国学，若干时为商务编书，若干时应酬同学”①的生活。所谓教国学是指蔡元培受聘为唐绍仪的侄子宝书等四人的国文家庭教师，为这些身在异国的国学根基尚浅的少年讲授国学，以贴补留学和家庭生活费用②。说来这是驻德公使孙宝琦的美意，他虽然答应资助蔡元培，但毕竟蔡元培不是使馆的正式官员或属吏，能够提供的资助有限，所以只能再找些变通的法子。譬如碰到唐绍仪的子弟辈成批留学德国，可能又是托他关照，这样玉成这件好事，一方面让小孩子能继续在海外得到国学教育，另一方面则让为稻粱谋的蔡元培获得一笔不菲的报酬，何乐而不为？所谓“均不过十余岁，国学尚浅，因令于预备德语外，请我授国学，每月报酬德币百马克”[③]。这也算是一笔不菲的收入了。说得直白一些，就是当有钱高官人家的家庭教师，不过这种家庭教师之与众不同就在于，是远在海外的。

蔡元培自己究竟从这样的教学中获得何种乐趣，是另外一个问题，但他为此花费了不少心血，倒是一个基本事实。可以设想一下，这些少年人，在国内就不曾培养下很好的国学基础，到了国外，既没有基本的语言环境，同时还要接受西方的教育规训，要想让他们轻轻松松地掌握国学知识，那可真是难为老师了。好在蔡老师翰林出身，教学经验丰富，有着非同一般的知识积累，所以也就能把这件事做得风生水起。

唐绍仪(1862—1938)是清民之际重要的政治人物，他曾在南北议和时出任北方代表，后来又担任民国第一任内阁总理，可是很有影响力的大人物。这当然与他早年留学积累下的文化资本相关，早在 1874 年他就成为早期的留美幼童之一，被官派留学于哥伦比亚大学，直到 1881 年归国。蔡元培能和唐氏家族结此渊源也是一件雅事。他教书是很有经验的，虽然在清廷是翰林院的清闲差事，但蔡元培早就做过教师，他在教育界的工作经验其实相当丰富，早在 1898 年（清光绪二十四年）刚过而立，就在戊戌政变之后弃官携眷出京，返绍兴。这大概算是停薪留职的类型，回到家乡，旋即于当年冬季任绍兴中西学堂监督，大概就是校长的位置，所以说蔡元培是很有适应能力的，既能在京师里做高贵的翰林，也能下基层去当校长，用今天的话来说，是经验丰富、足资提拔的干部了。所以到了德国，做起家庭教师也还算得心应手。最重要的是，他可以借此赚钱养家糊口。

可惜我们今天未能找到蔡氏给唐家子弟授课的详细记录，不过遥想异邦风云，看看昔日的夫子、新式的留学生给小留学生们上国学课，读些之乎者也的文章，感觉有趣的同时，也必然感到中国文化之命脉一线相系，终不会灭。无论是唐绍仪、蔡元培，还是孙宝琦，乃至唐氏孙辈，都在一定程度上属于这个文化谱系的支脉，他们都不可能脱离这个命脉而生存。

蔡元培在中国的时候，社会地位就已经相当高了，他是一个官啊，那个时代考中翰林可不是一件简单的事，这意味着金榜及第，封建时代读书人做梦都念想的美梦成真，“洞房花烛夜，金榜题名时”。对于蔡元培这样家庭出身的人来说，它也是一个证明，就是直到那个时候，社会的上下层之间的流通还是合理与有序的，至少这样的底层民众子弟，他有机会通过好好读书而流动进入社会上层。所以他就有上层社会的那一套规则需要遵守，需要维持，需要顺流。即使到了柏林，他也要应酬往来，毕竟，蔡元培的出身规定了他就是这个旧体制中的产物。那么，他都应酬些什么人和事呢？

应酬。想起来很有意思，那个时代的人，即便交通如何不发达，但彼此之间的来往还是很多的。想想我们今天所拥有的便利，飞机、地铁、汽车等，使得我们的速度远远超过前人，可即便如此，我们仍然为交通过程所耽搁的大量时间而感到痛惜。但在那个时代，真的是比现在难多了，交通工具固然还相当原始；而日常应酬交往更需耗费大量光阴。即便到了异国，也不例外。对于蔡元培来说，平日就有必要之往来的留德同学自然不能不结交往来。按照蔡元培的自述：“我在柏林一年，每日若干时习德语，若干时教国学，若干时为商务编书，若干时应酬同学，实苦应接不暇。”④这样一种生存状态，虽不可谓不丰富多彩，但确实没有什么特别出彩之笔，这种留学生涯与国内读书其实也没什么本质不同。最重要的是，我们没有看到蔡元培的留德选择给他带来的实质性变化。其实那个时代出国留学求知是很不容易的，除了一般的陌生环境要适应之外，还需要寻找到合适的学习语境，我们比较一下李石曾的留法经历可以说明同样的问题。他先在巴黎留居，后转往蒙岱寂（又称蒙城，Montargies），毕业后再转到巴黎。为什么是这样的曲线变化呢？他自己这样记述道：

在巴黎求学，当时感觉一事实之困扰，即使馆与侨商几十人终日相见，食宿与共，于习法语已难，更谈不到学问，颇自惶惶。时值暑假，顺当地习惯至一近郊，所谓家庭客社者，其主人为一商校教师，主妇亦国小教师，可以授课寄住之外籍客人，同餐会话，自多练习法语，甚便侨客，我亦其一。谈话中及于我欲习农之意，主人自然乐于协助。一日协同至南部稍远之郊区参观农校：一为偏重林业者，稍远；一为一般农业，应有尽有，均不太深。于专门为农家子弟而设，一面亦为深造者之预备，于外籍留学者尤为相宜，乃我之情形。地段在巴黎、里昂两大城市之间，铁路交通甚便，距两大城各三四小时，如此，既不太疏于与乡人接触，如有需要，而亦不太近，致太多作国语之机会，有损于习法文者如初到之时。于是立即决心入此名为蒙达顺我译音之农校。住校三年，一年预备，两年正科，师长校友同相处甚善，意外受益不少，且关我新生命为父师良友所给予者，不相上下，亦一奇迹……⑤

这是李石曾回忆其 1902—1905 年在蒙岱寂农校学

习的经历。应该说，李石曾在这一环境中颇有如鱼得水之感，蒙城农校的学习经历无疑是李石曾留法时代的美好记忆，他不但在此学到了专业知识，更得到了新思想的滋养。法国学校的学术环境给他提供了良好的教育氛围，而他自己的真理探求也得到了一定程度的满足。虽然留学国别不同，但蔡元培留德由柏林—莱比锡—柏林的轨迹约略近之。

仅从柏林这段经验来看，如果说学德语还可以和留德挂钩，因为是为了获取对象国的语言知识，那么教国学、编书籍，虽然也可以说是和求知学习有关，但主要还是为稻粱谋。而“应酬学”则是另外的工夫在诗外的本领了，但细细考察，蔡元培还是一个读书人，他的应酬，与读书多半还是有关的，按照他的说法：

到柏林后，我与齐、钱二君同寓，齐君本通德语，钱君善英语，我得两君助力不少。齐君本译学馆学生，他的同学顾君孟余（兆熊）留德已数年，诸事熟悉，我等所请的德语教员，均顾君所代选代订。又由顾君而认识薛先生仙舟（颂瀛）、宾君敏陔（步程）。[6]

这里涉及了一批人物，都是其时留德学人谱系中人，如齐寿山(1875—1965)，还有一位福建许君都是和蔡元培同随孙公使赴德留学的学生。薛仙舟(1878—1927)、宾步程(1880—1943)、马君武(1881—1940)、夏浮筠(1884—1944)等人也是常相往来的朋友。薛氏携甥女留学，所以能自己埋锅造饭，自享故国烹调之美味；要知道德国的大餐偶尔尝试可以，天天如此，毕竟难以抵挡，这和老下馆子的各位同仁不可同日而语了。薛仙舟有趣，他给蔡元培补课，讲德语的文法，同时也不白干，让蔡元培教他中国的古文，庶几两相不亏欠[7]。另一位宾步程则是大智若愚的人物，人很豪爽，乐于助人，孙中山到德国筹建同盟会，就是在他的居所开会，但他则从不居功自傲[8]。至于马君武，后来与蔡元培成为并称“北蔡南马”的政治领导人与大学领袖。而夏浮筠则与蔡元培有同事之谊，曾任北大理科学长，并共同拜访过爱因斯坦[9]。

那么，还有一类自然也是要常相往来的，就是清政府驻德公使馆的外交官们，公使孙宝琦那是不用说了，其余的还有王钦尧、项致中等，还有名字记不清楚的李君、张君等人[10]。可惜我们现在无法找到更加详细的这种往来材料。当然还有就是流动性的过客，譬如往来德国的各类人等，不过当时风气未大开，公费旅游还远未成为风尚，所以蔡元培的主要应酬估计还是在同学之间。正如他自己说的那样，如果大家一起去吃饭，完了势必纵横捭阖地摆开龙门阵高谈阔论一番，再加上如果要“或觅别种消遣”，即便是“各人自付钱，不必相请”[11]，但耽搁的时间也是不用说的。不过这种应酬显然并非毫无必要，日后的深情厚谊往往是从此时的共同玩乐消遣中来的。

蔡元培的基本身份是读书人，因为那个时代还没有后来如此严格的现代意义上的学者、教师之类的划分，即便是当官的，其底色也是读书人。所以读书著述就是一个最根本的生活习惯，请注意，这不是职业性的知识生产，而是一种生活习惯，就是对这些人来说，读书是天经地义的，是必需的。他的事功，当官也好，干别的也好，都是和读书联系在一起的。那么，蔡元培到德国之后，如何处理他的这样一种生活习惯呢？他还是读那些老书吗？

编书。蔡元培在留德时代有一个很重要的贡献，这就是“编书”。其实，看看历史很有趣，蔡元培虽然以学者身份名世，但真正能标明他学术地位的，其实就是《中国伦理学史》。而说到底，这本书是他在留德时代所编撰的。在我看来，之所以编写这样一本书，与他要赚钱养家糊口有关，当时他编译了不少外国著作，主要是从日文转译，其中就有泡尔生的《伦理学原理》。可以说，蔡元培的伦理学关注和学术创发，都与这种翻译选择有关。

在这种翻译基础上，蔡元培编撰了《中学修身教科书》、《中国伦理学史》等。可以说，如果不是留德时代的家累所拖，蔡元培或许不会成就他在学术上的基本贡献和著述。而那个时代转换期的风云变幻，也使得蔡元培那代人不可能静下心来沉潜把玩学理。

蔡元培对伦理学的东、西之别其实有自家之独到见解，早在1902年的时候，他就有这样的认识："西洋普通学校，必有宗教一科，而东洋教育家欲代之以伦理，善哉！"[12]他选择翻译泡尔生的《伦理学原理》，也是有着明确的学术考量。但我们要注意他所翻译的书是德国学者的著作，但所据原文则为日译本，所以特别强调：

日本蟹江义丸君则于明治三十二年据第五版译其伦理学原理而冠以序论(名其原理本编、曰本论)，以列于博文馆之帝国百科全书中。以限于篇幅而删其第三章之厌世主义。及明治三十七年，又改订之，并补译厌世主义章，而与藤井健治郎君所译之伦理学史、深作安文君所译之德论及义务论合之，以为伦理学大系，依仿英译删其第四编，并节去其政治学社会学要略之名焉。蟹江氏于本书中散见之文，若驳尼采主义者，若征引德国诗歌者，皆有所删削。以其专为德人，而发于他国学者，无甚裨益，而转足以扰其思想也。而又附西洋伦理学家小传于其后。今之所译，虽亦参考原本，而详略则一仍蟹江氏之旧。蟹江氏之译此书也，曰取其能调和动机论、功利论两派之学说，而论义平实，不滋流弊也。今之重译，犹是意也。其伦理学史、德论及义务论，当续译之以公于世。[13]

晚清以来，中国借助日本中介而输入西学，又添一例证。蔡元培对德国学术的接受，竟在很大程度上是借助日本学界，这是特别值得注意的一个学术史现象。但这里不是我们主要关注的，我们顺着这个轨迹看看蔡元培着手的工作，会觉得很有意思。譬如《中学修身教科书》的编撰思路强调："本书悉本我国古圣贤道德之原理，旁及东西伦理学大家之说，斟酌取舍，以求适合于今日之社会。"[14]仅谈论社会的第三章，就包括了总论、生命、财产、名誉、博爱及公益、礼让及威仪等六节。关于公益问题，在学理上很深刻，如强调"图公益者，又有极宜注意之事，即慎勿以公益之名，兴无用之事也"，"又有以公益以沽名者，则其迹虽有时与实行公益者无异，而其心迥别"，"国民公德之程度，视其对于公共事物如何，一木一石之微，于社会利害，虽若无大关系，而足以表见国民公德之深浅"[15]。修身问题，说到底就是社会大众层面的伦理问题，蔡元培将中学修身与公民道德联系在一起，应该说是相当有高度和有见地的。因为谈论的虽然是中学，但其实关注的却是立人过程中最为关键的基本伦理观的树立。而到了1910年，蔡元培在留德时代撰写具有学术价值的《中国伦理学史》，开篇即谓：

学无涯也，而人之知有涯。积无量数之有涯者，以与彼无涯者相逐，而后此有涯者亦庶几与之为无涯，此即学术界不能不有学术史之原理也。苟无学术史，则凡前人之知，无以为后学之凭借，以益求进步。而后学所穷力尽气以求得之者，或即前人之所得焉，或即前人之前已得而复舍者焉。不惟此也，前人求知之法，亦无以资后学之考鉴，以益求精密。而后学所穷力尽气以相求者，犹是前人粗简之法焉，或转即前人业已嬗蜕之法焉。故学术史甚重要。[16]

然而不仅如此，接着论述道："一切现象，无不随时代而有迁流，有孳乳。而精神界之现象，迁流之速，孳乳之繁，尤不知若干倍蓰于自然界。而吾人所凭借以为知者，又不能有外于此迁流、孳乳之系统。故精神科学史尤重要。”[17]蔡元培一层一层落实到伦理学史研究的学术域立定范围，可见其背后有一个宏大的学术史意识在内。故此，《伦理学原理》的移译，一方面固然是对德国学术的输入，另一方面必然刺激中国学术发明的思路和行动。也就是说，在蔡元培以“伦理学”为中心的相关活动中，彼此之间有着若隐若现的内在逻辑和必然关联。

授课、应酬与编书这三种活动，可以说占据了蔡元培相当大的精力和时间，但他们与蔡元培的留德初衷则大相径庭。因为道理很简单，这些活动，主要是面对中国人，使用中文，和学习德语，通过德国场域来获取德国所代表的世界新知，基本没有太大关系。所以，在柏林既然改变不了这种基本状态，那就必然促使一心向学、不远万里来到德邦的蔡元培选择别的方法来实现自己的理想。

注释

①蔡元培：《自写年谱》，见高平叔编：《蔡元培全集》第

7卷，北京：中华书局，1989年，第297—298页，转引自蔡建国：《蔡元培与近代中国》，上海：上海社会科学院出版社，1997年，第97页。

②蔡建国：《蔡元培与近代中国》，上海：上海社会科学院出版社，1997年，第97页。

③蔡元培：《孑民自述》，朱鸿召编选，南京：江苏人民出版社，1999年，第50页。

④蔡元培：《自写年谱》，载高平叔编：《蔡元培全集》第7卷，北京：中华书局，1989年，第297—298页。

⑤《扩武自述》，载《李石曾先生文集》上册，台北：中国国民党党史委员会，1980年，第437—438页。

⑥蔡元培：《孑民自述》，朱鸿召编选，南京：江苏人民出版社，1999年，第49页。

⑦原名颂瀛，后改名瀛。原籍香山，生于扬州。早年就读于天津中西书院、北洋大学。1900年参加唐才常自立军起义，事败被捕。旋被释，赴美留学加州大学，覆进德国柏林大学、英国伦敦经济学院深造，对合作银行制度有精湛的研究。1905年加入同盟会，被委任

为“欧洲中国同盟会”干事。1911 年归国后，任上海复旦大学教授。1918 年任工商银行董事长兼总经理。次年创办上海合作储蓄银行。1920 年发行《平民周刊》，宣传合作运动；参与组建上海中国合作同志社。1927 年编撰成《全国合作化方案》，呈交南京政府；同年 9 月在上海病故。

⑧宾步程(1880—1943)，又名孝聪，字敏陔，号艺庐，东安山口铺乡人。宾步程天资聪颖，少读私塾，能自力于学。后被派赴德国柏林工科大学留学，学习机械工程。曾被选为留德学生会会长，后追随孙中山加入同盟会。辛亥革命后，致力于实业、教育、译述、新闻等工作。

⑨夏元瑮(1884—1944)，字浮筠，我国早期近代物理学家、教育家，专长于理论物理学。毕生从事高等教育工作，培养了许多物理学和工程技术人才，他和何育杰二人是我国大学物理本科教育的开创者。翻译并出版了爱因斯坦名著《相对论浅释》，为相对论在我国的传播做出了贡献。

⑩同⑥。

⑪同⑥。

⑫《〈中等伦理学〉序》(1902 年)，载《蔡元培全集》第 1 卷，杭州：浙江教育出版社，1997 年，第 409 页。

⑬《改正〈伦理学原理〉序》(1909 年)，载《蔡元培全集》第 9 卷，杭州：浙江教育出版社，1997 年，第 246 页。

⑭《中学修身教科书》(1912 年 5 月)，载《蔡元培全集》第 2 卷，杭州：浙江教育出版社，1997 年，第 74 页。

⑮《中学修身教科书》(1912 年 5 月)，载《蔡元培全集》第 2 卷，杭州：浙江教育出版社，1997 年，第 129—130 页。

⑯《中国伦理学史》，载《蔡元培全集》第 1 卷，杭州：浙江教育出版社，1997 年，第 461 页。

⑰同⑯。

转学莱比锡：大儒齐列心向往

莱比锡大学是什么样的呢？虽说有孔好古帮忙，但蔡元培是否就能免掉在柏林大学遇到的麻烦，而顺利注册入学呢？蔡元培在莱比锡真的能如愿以偿吗？

其实，我们看一看蔡元培在柏林和莱比锡待的时间就可以知道。他在柏林住了一年，而在莱比锡则是居住了三年多。不用说，莱比锡的条件不错，否则他也不可能一直在那里住下去，而且还拖家带口的。

莱比锡这个名字，对于 20 世纪 50 年代的中国人来说可能更加熟悉，因为它是当时民主德国的重镇。莱比锡大学，对于今天的国人可能不太熟悉。可是，只要稍微知道一些德国的学术史与思想史，就知道这是一所了不起的大学，歌德曾经在这里求学。早在16世纪，萨克森公爵莫里茨曾领导了1542—1544年的莱比锡大学改革，他将原有的中世纪后期的宗教监督大学改变了，代之以将大学作为培养宗教、法律、教育人才的体制；如此，则神学院、法学院得到很大发展[①]。所以莱比锡大学也一直是德国史上很重要的一所大学。恰恰是这个以传统为主、兼具改革精神的莱比锡大学，培养出了如胡腾、闵采尔、弗莱明、普芬多夫、托马修斯、莱布尼茨、沃尔夫、克洛卜施托克、莱辛、歌德、费希特、诺瓦利斯、瓦格纳、尼采、魏茨泽克(Weizsaecker，Carl Friedrich von)等一代代精英人物[②]。在德国启蒙运动中，莱比锡大学也是一个不容忽视的存在，且不说两本杂志《博学》、《一月谈》(托马修斯主持)的重要性[③]，就是戈特舍德、格勒特教授等人的开明姿态，诸如允许旁听、欢迎女性入学等，也足以观出其受到“启蒙精神”之洗涤[④]。歌德自己就这样评价道：“德国大学每一所都有它的特色，在我的祖国既不能实施一种统一的教化，所以每一个地方便墨守着它的风尚，把它的特别的个性尽量发挥；大学也恰是如此。在耶拿和哈雷两处，粗野之风登峰造极，重视体力，娴习剑术和最粗犷的自卫在那儿是司空见惯的；而这样一种状态，只可以通过放荡不羁的生活保持和传播下来。大学生与这两个城市的居民的关系，纵然有种种不同，但有一个一致之点，就是那些粗野的外地学生对于当地的市民是不尊重的，而且自视为拥有一切自由和横行无忌的特权的特殊人物。反之，一当莱比锡的学生想要跟那儿的殷富和彬彬有礼的居民多少有点交往，就只好变成殷勤礼让。”⑤我们由此可以见出莱比锡大学偏于传统的特点。

不出所料，蔡元培在莱比锡真的是如愿以偿，得以顺利入学了。其实，说到底，蔡元培的要求也不高，他又不想谋什么博士头衔，只希望能静心读书，避开烦琐的人事往来与应酬，领略作为世界学术中心的德国大学学术的风采而已。从这个意义上来说，蔡元培从首都柏林转到莱比锡去，自然有他的学术理想的考量。

可更重要的，或许还是现实的考虑，这就牵涉到教育制度的问题。因为蔡元培所接受的教育，是中国传统的科举教育制度，不是现代教育制度下的学校分级制度。而当时他的同学齐寿山，去柏林大学报名，居然被拒之门外，有中国驻德使馆的介绍信也不行。道理很简单，柏林大学要求严格，必须检查学生的中学毕业证。这个东西，蔡元培那代人如何搞得到？就算搞到，又得费多大的气力和代价？所以蔡元培一盘算，柏林居，大不易，在柏林求学的成本太高了。得，此地不留爷，自有留爷处，咱换个地方吧。正好张仲苏在莱比锡大学学习法律[6]，是当时唯一的中国留学生，物以稀为贵，莱比锡大学很善待中国留学生，包括即将投奔到此的蔡元培。

虽然都说中国是个人情社会，其实德国也很讲究人的推荐。譬如蔡元培能进莱比锡大学，就与孔好古的推荐密不可分。此君是该校中国文史研究所的头儿，是主持教授。

孔好古为什么对中国有如此深厚的兴趣？他在汉学史上有怎样的地位？他和蔡元培之间的关系是怎样的？

他与中国留德学人有怎样的交往？

汉学家孔好古是一个特别值得大书特书的人物。这个人很有趣，论年纪，他和蔡元培差不多。此君早在1903年时曾受聘于京师大学堂，教授德国语言文学。但作为汉学家的孔氏认为这样是不务正业，所以，他在勉强待了八个月后，就违约归国了[7]。不过很有趣的是，他喜欢和当时的文人雅士结交，像蔡元培这样的翰林人物，他当然是欢喜不迭的，因为他知道蔡氏所代表的中国文化之价值。

在德国学术史上，汉学起步甚晚，虽不能与法国汉学为世界中心的气势相比，但也并非乏善可陈。而若列举代表，则孔好古、福兰阁（1863—1946）、卫礼贤（1873—1930）可堪其任，他们代表了不同的学术方向，可谓三足鼎立。孔好古就是其中源自德国学术传统的典型[8]，孔氏作为莱比锡学派的重要人物，自有其“前世今生”，他们更多地回到德国语文学的传统中去，就是所谓“考证学派”的路上去。孔好古这样的学者很有趣，值得深入探究。一方面他对现实中国不感兴趣，在北京待了一段时间就想归国；另一方面他确实做出了非常有价值的研究工作。但他对中国学人如林语堂的研究的轻忽是有问题的。

蔡元培在孔好古的热情引荐之下，于 1908 年 10 月入莱比锡大学，所谓“彼甚愿招待中国学生，我由彼介绍入大学，毫无留难”[9]。开始了他所梦寐以求的理想安静的学习生活，他虽然主要听兰普莱希特、冯特等人课程，但也参与孔好古的研讨班：“孔氏所主持的中国文史研究所，也有练习班，我也参加。孔氏曾任我国译学馆教员，通梵文，常用印度寓言与中国古书相对照，颇有新义。”[10]不过，日后林语堂（1895—1976）留德之时，投入孔氏帐下，虽然延续了这样一种良好的学统交谊，但在学术上似乎颇有争议[11]。孔好古对林语堂颇为友善，或者是“有一位从北京大学来的我这位同事，颇以此为荣，因此对我热烈欢迎”，因此林语堂得以在其中国研究室“汗牛充栋”的“中文书”中徜徉遨游，借阅许多珍贵的中文书籍，甚至还“能够从柏林借到中文书”，正是由于有了这样好的求学条件，林语堂从那时“才开始认真研究中国的音韵学”[12]。这一点非常重要，对我们探讨林语堂的求学思路和是否功利很有价值。而孔好古对待学问的态度，则给林语堂留下了深刻的印象，因其同时又开了一门泰文文法，班上有四五个学生，这使得林语堂颇为诧异，他“觉得德国人遇事讲求彻底认真，居然有学生精研泰文文法”[13]。林语堂最后在莱比锡大学完成的博士论文是《古代中国语音学》（Altchinesische Lautlehre）[14]，虽然考试答辩颇为顺利，但孔好古只给这篇论文打了2分（1分最高），他强调之所以如此乃是因为林氏在文体上即德语写作上的错误和疏误，甚至会声称本就不大相信一个中国人能完成这个题目[15]。如果考虑到，在林氏回忆中，孔氏的“文言文很可以，但是读现代中国的报章杂志却有困难”[16]，那么作为汉学家的另一面就体现出来。如何体现师道尊严，这恐怕是颇费思量的一个问题。而就博士论文撰写来说，这是对林语堂“易如反掌的玩意儿”，但他当时仓促赶写论文、进行口试，都是事实，也容易被人指责为“混”个博士头衔。这也有客观原因的，林氏夫妇于1922年2月转学莱比锡，1923年夏天即返国，那么获得博士学位当是之前的事。这么短的时间内获得素称严谨的德国大学博士学位，真是有点“奇迹”的色彩。不过，我们还是要言归正传，回过头来考察蔡元培在莱比锡求学的细枝末节。

蔡元培有机会进入德国大学学习，虽然不是世界公认的柏林大学，但毕竟也是享有赫赫声名的德国传统大学。蔡元培究竟是怎样安排他的学习生活的？又主要听了哪些学者的课程？这些学术研究和知识基础对未来的蔡总长和蔡校长究竟有什么意义？

在20世纪初期时，学科划分虽然已经开始，但还远没有后来这般愈演愈烈，终至不可收拾的难达通识之境。实际上，我们看到蔡元培也提及德国大学当时新兴学科的情况，如经济学等，证明他的视阈还是相当开阔的。19世纪以来，随着现代学术的逐渐成形与学科规范的日益严密，一体化的格局已大势所趋，就连德国人自引为得意的“国家科学”（Staatswissenschaft）概念后来也不得不放弃，而融入世界范围的“社会科学”规制中去。所以，我们可以看出蔡元培在莱大求学期间，颇有自家的主见，这是尤其难能可贵的。听课是一回事，但有时可能并不一定就需要非常深刻的见地。听的课多不一定就代表学问大、造诣深。在莱大查考到的蔡元培多达四十余门的选课表[17]，以及在柏林大学陈寅恪注册表上的寥落修课记录，都必须结合他们日后的学术与人生道路来综合考察，不能仅凭此而断定他们日后成就如何。

从其课程表可以看出，对蔡元培影响最大，他也选课最多的几位教授是：冯特、兰普莱希特等。他日后的回忆是：“冯德的心理学或哲学史；福恺尔的哲学；蓝普来西的文明史；司马罗的美术史。”[18]

蔡元培为什么会对这几位学者特别感兴趣？他在冯特等人那里学习了哪些课程？他为什么要学习心理学、哲学、文明史等课程？

表：蔡元培在莱比锡大学期间选修冯特教授的系列课程目录[19]：

课程名称	选修时间
自康德到当下的现代哲学史（Geschichte der neuesten Philosophie von Kant bis zur Gegenwart）	1908—1909年
古代哲学史导论之近代哲学史（Geschichte der neueren Philosophie mit einleitender Uebersicht über die der älteren）	1909—1910年
心理学（Psychologie）	1909年
心理学实验（Psychologisches Laboratorium）	1910 年/1910—1911年/1911年
民族心理学（Völkerpsychologie）	1911年

虽然蔡氏列出的老师颇多，但就课程和接受程度来说最重要的是两位，即冯特和兰普莱希特。先看心理学家冯特。蔡元培1908年10月入莱大求学。从至今查考

的莱比锡大学档案馆材料可以知道，蔡元培的选课非常之多，而且涉猎范围相当广，其中仅冯特的课程就有五门[20]。

这五门课程延续时间不一，但至少在一学期以上，其内容大致分为两块，一为哲学史，一为心理学；而且内容不仅有书本理论的“纸上谈兵”，还有实验室里的“真刀真枪”。这既显示出冯特的学术修养与能力，亦可见出蔡元培的求学思路，即全面开花、不局限于一隅。确实，蔡元培对冯特甚为推崇：

冯德是一位最博学的学者，德国大学本只有神学、医学、法学、哲学四科（近年始有增设经济学等科的）；而冯德先得医学博士学位，又修哲学及法学，均得博士；所余为神学，是彼所不屑要的了。他出身医学，所以对于生理的心理学有极大的贡献。所著《生理的心理学》一书，为实验心理学名著。世界第一个心理学实验室，即彼在来比锡大学所创设的。又著民族心理学、论理学、伦理学、民族文化迁流史、哲学入门（此书叙哲学史较详），没有一本不是元元本本，分析到最简单的分子，而后循进化的轨道，叙述到最复杂的境界，真所谓博而且精，开后人无数法门的了。[21]

所以无怪乎，蔡氏惜自己德语之不精，无法尽数领会冯特学问之精义，于是“一面听讲，一面请教师练德语”，还要“一面请一位将毕业的学生弗莱野氏(Freyer)摘讲冯德所讲之哲学史，藉以补充讲堂上不甚明了的地方”[22]。从1908年求学莱比锡一直到1911年离开，蔡元培几乎每个学期都选了冯特的课程，而且仅心理学实验一门课，就连选三个学期，可以想见冯氏对其影响之深且持久。而冯特的学术训练，充分表现出那个时代德国学人的“通才可能”。在传统的德国大学体制内，以神学、法学、医学、哲学为四部[23]，而冯特居然摘得其中三部博士学位，再加其不可能不具备的神学修养，真可谓“一代通才”，这种学术修养与日后的学术创造的关联是不可分割的。蔡元培本身是儒家训练出来的，中国传统的“通人意识”不可能对他没有影响。从他自己日后的学术轨迹来看，也很是表现出自家的“通人”特点。正如有论者称：“像蔡元培那样热爱知识手不释卷的政要名流，在现代中国，还能找到一些；但像他那样涉猎众多学科，而且长久保持浓厚兴趣的，几乎可以说是绝无仅有。”[24]而这一点与德国学者的“融通”维度其实也是相关的。就以冯特而论，他的学术史贡献主要在于对实验心理学的开创之功，这是筚路蓝缕的先驱者功业，不承认不行；可从他的学术涉猎范围而言，医学博士的学业使其具备非同常人的自然科学训练，而其根本则在哲学的修习。实际上蔡元培对康德的接受，主要是听冯特的课程而达致。

兰普莱希特是一个怎样的学者？蔡元培为什么和兰普莱希特有如此密切和长期的交往？他在莱比锡期间选修了兰普莱希特的什么课程？

蔡元培到了莱大之后，与史学家兰普莱希特（Lamprecht, Karl, 1856—1915）建立了深厚的师生情谊。蔡元培首度留德期间，虽然在柏林停留一年，但真正入校求学，仍当算是度过了四载岁月的莱比锡。而在莱大求学期间，其问学师长最多者，当推两人，一为心理学家冯特、一为文化史家兰普莱希特。学术史证明，蔡元培果然有自家的独到眼光，这冯、兰二位不但都是本学科领域重量级的大学者，同时也是德国学术史上难以逾越的核心人物。

说来凑巧，兰普莱希特是德国学术史上的重要人物。蔡元培留德期间，曾受教于他，并受到深刻影响。作为历史学家的兰普莱希特，被他推崇为“史学界的革新者”㉕。就选修课程而言，蔡氏选他的课比冯特还要多，下面列一简表：

表：蔡元培在莱比锡大学期间选修兰普莱希特课程简表㉖

课程名称	选修时间
近现代德国文化史（Deutsche Kulturgeschichte der jüngsten Vergangenheit und Gegenwart）	1909 年
古代与中世纪德国文化史（Deutsche Kulturgeschichte in der Urzeit und im Mittelalter）	1909—1910 年

续表

课程名称	选修时间
近代德国文化史：世界观与科学（Deutsche Kulturgeschichte der jüngsten Vergangenheit: Weltanschauung und Wissenschaft）	1909—1910年
历史方法与历史艺术（Ueber geschichtliche Methode und geschichtliche Kunst）	1910年
宗教改革与文艺复兴时期的德国文化史（Deutsche Kulturgeschichte im Zeitalter der Reformation und Renaissance）	1910年
专制主义时期的德国文化史（Deutsche Kulturgeschichte im Zeitalter des Absolutismus）	1910—1911年
古典主义时期的德国文化史（Deutsche Kulturgeschichte in der Zeit des Klassizismus）	1911年

蔡元培选修兰氏课程基本上有一个延续性过程，即从入学不久到离开莱比锡，都始终参与兰氏讲座。从其课程内容来看，基本上是整个的德国文化史系列，顺序有所不同，但基本上是一个核心，从古代中世纪—宗教改革与文艺复兴—专制主义—古典主义—近代—近现

代，另选了兰氏一门史学理论课程“历史方法与历史艺术”。作为德国史学界的革新者，兰普莱希特确实是英姿风发，他批评兰克(Ranke，Leopold von，1795—1886)借实证主义(Positivismus)之名而行唯心主义(Idealismus)之实，相当准确地把握了兰克思想的实质[27]。事实上，兰普莱希特的评论可谓“一针见血”且“见血封喉”，就是兰克的嫡传后人兼卫道士梅纳克(Meinecke，Friedrich，1863—1954)也完全同意。正如有论者所指出的：“因为德国历史学家和他们的美国同行不同，是了解兰克思想的唯心主义根源的，对于德国历史学家来说，兰克变成了非哲学的经验主义的反面。他们深深知道兰克通过对于独特的和个别的东西的静观(Anschauung)极力要直觉地掌握历史中的‘一般的’观念、‘趋势’，即‘客观的’观念。”[28]同洪堡一样，兰克也深受那个时代普遍主义历史思路的影响，构成其思想焦点的是“同一性哲学(Identitätsphilosophie)那种意义上的唯心主义世界观，以及本质上是我们古典文学中世界主义那种意义上的普遍主义的历史观”。[29]所以，兰克史学的目的“既不是历史事实，也不是总结一般的规律，而是要认识观念”[30]。这一点，兰普莱希特论述得很清楚，尽管兰克初时力求获得“(1)对个别时刻，(2)对个人动机，(3)对他们相互作用这三者的确切知识”，但历史研究的终极结果却在于“对宇宙全体的同情体验与同情理解(Mitgefühl und Mitwissenschaft des Alls)”[31]。

且不说兰氏在德国学术场域颠覆权威的大手笔，就其学域探索而言，也充分表现出兰氏作为一个大学者的风范和胸怀。当时的一流学者都已意识到研究中国的重要性，像韦伯这样的人物即便不懂汉语，也不敢回避讨论《儒教与道教》的问题。作为史学家，兰氏并不具备汉语知识，但这并不妨碍他有探究中国文明的兴趣。而来自中国的学人蔡元培，无疑则为他提供了这种当面交流的活生生的可能性。

另外要补充的一点是，这位兰普莱希特老师，可并非仅是一个坐在书斋里的名山学者。他关于对外文化政策的思想曾深刻影响德国政治。1904 年夏，兰普莱希特赴美参加一个国际学术会议，这是一个由其时在哈佛有影响的德裔心理学家明斯特伯格（Muensterberg，Hugo，1863—1916）[32]组织的。其他参加者还有如马克斯·韦伯（Weber，Max，1868—1920）、阿道夫·冯·哈纳克（Hanarck，Adolf von，1851—1930）[33]及其他德国知名学者。在会后游历美国的数月内，兰普莱希特敏锐地注意到美国的文化政治活动，并由此引发了他极大的关注。他在归国后将这些印象先是在报刊发表，后于1906年出版了一本小书[34]。随后，他将此意见直接进呈时为帝国总理的老同学贝特曼·霍尔维格（Hollweg，Bethmann，1856—1921）[35]。作为理性的政治领袖，霍尔维格对这一建议非常重视，他虽然没有接受兰氏的毛遂自荐，但却由此开辟了德国文化外交的传统。

1909年6月，兰普莱希特在外国德意志人协会的一次会议上特别指出了文化作为外交手段的重要性，他说："长期以来，我们一直习惯于使用旧式手段，比这个地球上的任何其他民族都习惯于使用军事手段。我们的外交在这种思维下从根本上老化了。所以它根本不可能拥有一种能行之有效的手段以影响其他民族，至少在部分意义上是如此。今天我们有了一种新的手段，我们可以将其总结为文化政策，它静静地却具备足够影响力地在那里，保持着文化的优势。”[36]但兰普莱希特并非是只知强调文化的书呆子，他的思想本质是“将实力政策[Machtpolitik]蕴入文化政策当中”[37]。在1912年10月7日召开的“国际谅解协会”上，他继续阐述其思路：

采用对外文化政策对德国来说是重要的一步，其他文化大国已推行这种政策多年了，法国人、北美人、英国人都走到前面去了，德国已经落后了……对外文化政策唯有在一场关于人类最崇高的习俗和智力遗产的竞争中才能产生，德意志这个哲学和教育学的民族，能在这个领域里扮演特别重要的角色！[38]

兰普莱希特不仅是停留于思想者的身份而已，他积极介入现实政治，并试图通过自身的社会资本、构建渠道以达到这一目的，他致信昔日的中学同学，时任帝国总理的贝特曼·霍尔维格，不但劝说总理推行这一政策，甚至毛遂自荐愿意出任这方面的政府官员。1913年6月21日，霍尔维格复信给兰普莱希特：

我们是一个年青的民族国家，可能我们有对暴力过多的天真信念，低估了精巧细致的手段，并且也还不知道，用暴力赢得的东西是不能用暴力的方式来维持的。……在推行一项德国的文化政策方面，没有受过教育的资产者阶层的不断支持与合作，本政府不可能有所作为。若将这项任务分派给这个阶层，现代德国的精神领袖们必将对此作出最大贡献，我们民族的世界政治的未来将感谢他们。[39]

霍尔维格在承认对外文化政策重要性与必要性的同时，却并不打算由政府完全承担实施这一政策，在他看来："如果政府能够对此提供支持和鼓励的话，这就意味着，绝大多数和全部的基础工作必须由整个民族自身来承担，这是事情的本质。"[40]兰普莱希特的对外文化政策理念，深深植根于他对德国文化的认同与发现，这是非学者的官员所难以达到的。

理解这一点也就能明白，当蔡元培归国之后即出任中华民国首任教育总长，虽然为期短暂，但却很快就收到了兰老师的贺信与请求。在这封信中，兰氏以友好而学术性的口吻作书：

谁能想到，我们这么快就欢迎您这位中国的文化部长的来访。因为既然到处都是这样，您一定会感兴趣的是，我们正在文化史与世界历史研究所设立这些研究部门，对中国历史进行与至今为止完全不同的处理。我不需要向您特别保证，这将以一种纯学术和对中国友好的方式进行。

请您给我们派这样的先生来，如果中国能承担主要费用，我当然也很愿意就我方的可能提供帮助与支持。

以诚挚的思念与最良好的祝愿

您最忠实的

兰普莱希特

Wer hätte gedacht, dass wir Sie bald als Kultusminister Ihrer Heimat würden begrüßen können. Da dies aber überall ist, muß es Sie interessieren, dass wir jetzt in Institut für Kultur- u. Universalgeschichte dadurch, dass diesen sind Forschungsabteilung aufgesetzt wird. In den Stand gesetzt sind, die chinesische Geschichte ganz anders, als bisher zu pflegen. Dass dies in rein wissenschaftlichen und China in freundschaftlichen Sinne gemoheben wird, brauche ich Ihnen nicht erst zu versichern.

Send Sie uns solche Herren, Ich bin gerne bereit, Ihnen auch meinerseite einige pekuniäre Beihilfe zu gewähren, wenn China die Hauptkosten trägt.

In treuem Gedanken und besten Grüsse

Ihr ergebenster

Lamprecht[41]

这封信的德文用语相当简洁，语法结构亦很简单，可能是充分考虑到蔡元培的德文水平的。蔡元培的复信亦为德文，但注明为翻译件，估计德文可能不是出自蔡氏手笔。

结果是“无心插柳”，蔡元培未想到他特定的这个留学名额，最后竟还是为他自己所用。1912 年 7 月，蔡元培辞去教育总长之职，旋即于 9 月携眷再度赴德国莱比锡大学听课并研究。说他是“假公济私”，未免过分，但确实是凭借着担任政府高官的身份，他才能获得这种可能性。蔡元培自己是这样回忆的："我长教育部的时候，兰普来西氏曾来一函，请教育部派生二人，往文明史与世界史研究所相助，我已于部中规定公费额二名，备择人派往，人选未定，而我去职。南归后，预料政治上的纠纷方兴未艾，非我辈书生所能挽救，不如仍往德国求学；适顾君孟余亦有此意；我遂函商范君静生，告以与顾君同往德国之计画，请以前所规定之公费额二名，分给我与顾君二人，范君复函批准。"[42]

对于中德学术交流史而言，蔡元培再度来到莱大，进入兰普莱希特所领导的文化史与世界历史研究所，还是有着非同一般的意义。作为学者的蔡元培，给德国学界带来新鲜的中国文化资源[43]，此处且不赘言。总之，我们总结一下蔡元培在莱比锡大学的三年求学经历，会发现他确实收获非凡，不但得入德国大学求学，而且与当时的大学者得结师生之缘，能了解(是否完全接受另说)德国学术的运作方式，接触到德国学术与思想的原创力所在，这些都对他未来的教育与学术场域活动产生了潜移默化的影响，并进而深刻影响到中国现代学术与大学的制度性肇创。

注释

①参见李逵六:《莱比锡大学》,长沙:湖南教育出版社,1986年,第33—34页。

②Bode, Christian · Becker, Werner & Klofat, Rainer : Universitäten in Deutschland(德国的大学). München : Prestel, 1995. S. 174. 当然莱比锡大学不仅培养了本国精英人物,而且其在留学史上也有特别的意义,如奥地利的多米尼克、俄国的拉狄斯切夫等都成各国的启蒙运动先导。李逵六:《莱比锡大学》,长沙:湖南教育出版社,1986年,第49页。中国留德史的精英人物也有不少出自此校,如辜鸿铭、蔡元培、萧友梅、林语堂、郑寿麟、饶毓泰(1891—1968)、周培源(1902—1993)等皆是。

③参见李逵六:《莱比锡大学》,长沙:湖南教育出版社,1986年。第44—45页。

④参见李逵六:《莱比锡大学》,长沙:湖南教育出版

社，1986 年，第 49 页。

⑤德文为：Jede der deutschen Akademien hat eine besondere Gestalt：denn weil in unserem Vaterlande keine allgemeine Bildung durchdringen kann，so beharrt jeder Ort auf seiner Art und Weise und treibt seine charakteristischen Eigenheiten bis aufs letzte，eben dieses gilt von den Akademien. In Jena und Halle war die Roheit aufs höchste gestiegen，körperliche Stärke，Fechtergewandtheit，die wildeste Selbsthülfe war dort an der Tagesordnung；und ein solcher Zustand kann sich nur durch den gemeinsten Saus und Braus erhalten und fortpflanzen. Das Verhältnis der Studierenden zu den Einwohnern jener Städte，so verschieden es auch sein mochte，kam doch darin überein，daß der wilde Fremdling keine Achtung vor dem Bürger hatte und sich als ein eignes，zu aller Freiheit und Frechheit privilegiertes Wesen ansah. Dagegen konnte in Leipzig ein Student kaum anders als galant sein，sobald er mit reichen，wohl und genau gesitteten Einwohnern in einigem Bezug stehen wollte. [Werke: Aus meinem Leben. Dichtung und Wahrheit. Goethe: Werke, S. 10333-10334 (vgl. Goethe-HA Bd. 9, S. 252) http: //www.digitale-bibliothek. de/band4. htm]《歌德文集》第 4 卷《诗与真》上册，刘思慕译，北京：人民文学出版社，1999 年。第 252 页。

⑥张仲苏日后也是教育界名流，1927—1929 年间任同济大学校长，1929 年后任开封大学校长。

⑦可参见 Conrady, August: Acht Monate in Peking(北京八月). PDF 文本的电子版。另参见 Erkes, Eduard: " Georg von der Gabelentz und August Conrady"(甲柏连孜与孔好古), in Karl Marx Universität Leipzig (1409—1959) - Beiträge zur Universitätsgeschichte(卡尔·马克思莱比锡大学 1409—1959 年——大学史论文集). Band 1. Leipzig: Verlag Enzyklopaedie, 1959. S. 451—457.

⑧当然也可列举如甲柏连孜(Gabelentz, Georg von der, 1840—1893)，他自然是大名鼎鼎，但就辈分而言毕

竟更高，而且其风格也有所不同，所以似不宜列为现代德国汉学的第一代学者。

⑨蔡元培：《自写年谱》，载高平叔编：《蔡元培全集》第7卷，北京：中华书局，1989年，第298页。

⑩蔡元培：《自写年谱》，载高平叔编：《蔡元培全集》第7卷，北京：中华书局，1989年，第300页。

⑪林语堂在德国莱比锡大学获得博士学位，可参见莱比锡大学档案馆的林语堂注册表、选课表，Universitätsarchiv Leipzig。林语堂：《八十自述》，载胡平、阿蓉主编：《生命流程——二十世纪中国著名作家身世录》第2册，北京：九洲图书出版社，1997年。

⑫林语堂：《八十自述》，见胡平、阿蓉主编：《生命流程——二十世纪中国著名作家身世录》第2册，北京：九洲图书出版社，1977年，第330页。

⑬同⑫。

⑭林太乙：《林语堂传》，北京：中国戏剧出版社，1994年，第43页，同时参见刘炎生：《林语堂评传》，南昌：百花洲文艺出版社，1994年，第17页。笔者于

1999年3—5月在德访学、收集资料期间，曾于4月赴莱比锡大学档案馆专门查过有关档案资料，其中包括蔡元培、林语堂等人的入学登记表等；在莱大图书馆也查到颇多林氏著作的德文译本，可惜当时其博士论文已被人借出，无缘一读。

⑮参见托马斯·哈尼师（Harnisch, Thomas）：《汉学的疏误——1945年以前中国留学生对汉学的贡献和推动》，载［德］马汉茂等主编：《德国汉学：历史、发展、人物与视角》，李雪涛等译，郑州：大象出版社，2005年，第149页。

⑯同⑫。

⑰蔡元培所选课甚多，仅美学方面课程即有Köster的《德国戏剧及演艺艺术史章节选读》、《舞台艺术从15—20世纪的发展》，Volkelt的《美学》，Schreiber的《古典希腊雕塑艺术》，Schmarsow的《莱辛之拉奥孔：艺术对美学之贡献》、《古代荷兰绘画》、《古代巴洛克式的艺术》、《造型艺术与美学》等。参见蔡建国：《蔡元培与近代中国》，上海：上海社会科学院出版社，

1997 年，第 102 页。

⑱蔡元培：《孑民自述》，朱鸿召编选，南京：江苏人民出版社，1999 年，第 50 页。

⑲莱比锡大学档案馆的蔡元培选课表，Universitätsarchiv Leipzig Signatur：Dep. I/XVI/VII/ C 72 Bd. 2。另参见蔡建国：《蔡元培与近代中国》，上海：上海社会科学院出版社，1997 年，第 101—102 页。

⑳冯德即冯特(Wilhelm Wundt，1832—1920)，德国著名的心理学家、哲学家、生理学家、语言学家、近代实验心理学的开创者、心理学史上第一个专业心理学家、构造心理学的倡导者。1862 年出版第一部实验心理学著作《感官知觉理论》，其中首次提到了实验心理学这一名称，并论及其内容和方法，初步勾画出构造心理学派的轮廓。1879 年他于莱比锡大学创立世界上第一个心理学实验室，进行感觉、知觉、反映动作等多方面的研究。他认为直接经验是心理学的研究对象。直接经验是用自我观察法可以取得的，但高级心理过程(言语、思维、意志)用实验方法不合适，而要

用文化历史的方法进行研究。其心理学体系包括个体的实验心理学和民族心理学两部分。他创立了“情感三度说”，即每种情感都有三个方面：愉快和不愉快、兴奋或平静、紧张或轻松。他主张心身平行论，认为身心可以彼此平行、各不影响。哲学上坚持唯心主义。主要著作有：《生理心理学纲要》、《心理学大纲》、《民族心理学》(10 卷)。冯特学识渊博，还写有逻辑学、伦理学和其他学科的许多著作。参见彭克宏主编：《社会科学大词典》，北京，中国国际广播出版社，1989 年，第 207 页。

㉑蔡元培：《孑民自述》，朱鸿召编选，南京：江苏人民出版社，1999 年，第 50—51 页。

㉒同⑱。

㉓如 19 世纪的德国柏林大学就设四部：哲学部、神学部、法学部、医学部，哲学部(faculty of philosophy)代替了文学部(faculty of arts)。参见黄福涛主编：《外国高等教育史》，上海：上海教育出版社，2003 年，第 65 页。

㉔《“兼容并包”的大学理念》，载陈平原：《北大精神及其他》，上海：上海文艺出版社，2000 年，第 33—34 页。

㉕蔡元培：《孑民自述》，朱鸿召编选，南京：江苏人民出版社，1999 年，第 51 页。

㉖同⑲。

㉗伊格尔斯：《美国与德国历史思想中的兰克形象》，载[美]伊格尔斯：《二十世纪的历史学——从科学的客观性到后现代的挑战》，何兆武译，沈阳：辽宁教育出版社，2003 年，第 240 页。关于兰普莱希特其人，可参见 Hoffmeister, Kay: Karl Lamprecht - Seine Geschichtstheorie als Ideologie und seine Stellung zum Imperialismus(兰普莱希特——作为意识形态的史学理论及其对资本主义的立场). Diss., Universität Göttingen, 1956.

㉘伊格尔斯：《美国与德国历史思想中的兰克形象》，载[美]伊格尔斯：《二十世纪的历史学——从科学的客观性到后现代的挑战》，何兆武译，沈阳：辽宁教育

出版社，2003 年，第 240—241 页。

㉙Lamprecht, Karl: Alte und neue Richtungen in der Geschichtswissenschaft（历史科学中的老方向和新方向）. Berlin, 1896. S. 31。中译文引自伊格尔斯：《美国与德国历史思想中的兰克形象》，载[美]伊格尔斯：《二十世纪的历史学——从科学的客观性到后现代的挑战》，何兆武译，沈阳：辽宁教育出版社，2003 年，第 263—264 页。

㉚伊格尔斯：《美国与德国历史思想中的兰克形象》，载[美]伊格尔斯：《二十世纪的历史学——从科学的客观性到后现代的挑战》，何兆武译，沈阳：辽宁教育出版社，2003 年，第 264 页。

㉛Lamprecht, Karl: Alte und neue Richtungen in der Geschichtswissenschaft（历史科学中的老方向和新方向）. Berlin, 1896. S. 48。中译文引自伊格尔斯：《美国与德国历史思想中的兰克形象》，载[美]伊格尔斯：《二十世纪的历史学——从科学的客观性到后现代的挑战》，何兆武译，沈阳：辽宁教育出版社，2003 年，

第 264 页。我怀疑陈寅恪那句广为征引的名言“同情之理解”、“温情之敬意”即可溯源于此，或至少受到启发。

㉜ http：//de. wikipedia. org/wiki/Hugo_ M% C3% BCnsterberg 可参见 Pyenson, Lewis：Uses of Cultural History：Karl Lamprecht in Argentina. 载 http：//www. amphilsoc. org/sites/default/files/301. pdf.

㉝哈纳克不但是神学家与史学家，还是重要的教育学术行政官员，所以两者在科学的组织工作中有密切的合作。［德］J. L. 海耳布朗：《正直者的困境——作为德国科学发言人的马克斯·普朗克》，刘兵译，上海：东方出版中心，1998 年，第 29—30 页。而《五十年来的德国学术》这部重要著作的“前言”就是由这位“全德科学界”的代表——哈纳克所作，哈纳克（Adolf von Hanarck）《前言》，马德润、郑寿麟合译，载北平中德学会编译：《五十年来的德国学术》第 1 册，上海：商务印书馆，1937 年，第 4 页。

㉞Hoffmeister，Kay：Karl Lamprecht – Seine Geschichtstheorie als Ideologie und seine Stellung zum Imperialismus (兰普莱希特——作为意识形态的史学理论及其对资本主义的立场). Diss., Universität Göttingen, 1956, S. 140.

㉟Theobald Theodor Friedrich Alfred von Bethmann Hollweg, http://de. wikipedia. org/wiki/Theobald_ von_ Bethmann_ Hollweg, 下载于2012年6月1日。

㊱Herbert Schönbaum: "Karl Lamprechts Mühen um innere und äußere Kulturpolitik". In: Die Welt als Geschichte. Zeitschrift für Universalgeschichte 15(1955), S. 143.

㊲Lamprecht, Karl: " Deutsches Volkstum und deutsche Kultur im Ausland". In: Das Deutschtum im Ausland 28 (1909), S. 106f.

㊳Lamprecht, Karl: Über auswärtige Kulturpolitik(论对外文化政策). Stuttgart, 1913. S. 3—4. 中译文引自李工真:《德国对华文化政策的开端》, 载刘善章、周荃主编:《中德关系史文丛》, 青岛: 青岛出版社, 1991年, 第217页。

㊴Rüdorffer, J：Grundzüge der Weltpolitik in der Gegenwart（当代世界政策的基本特点）. Stuttgart, 1914, S. 251. 中译文引自李工真：《德国对华文化政策的开端》，载刘善章、周荃主编：《中德关系史文丛》，青岛：青岛出版社，1991 年，第 217 页。关于这一问题，请参见 Adolf Morsbach："Deutsche Kulturpolitik im Ausland". In：Heinrich Konen & Johann Peter Steffes（Hg.）：Volkstum und Kulturpolitik – Eine Sammlung von Aufsätzen（民族性与文化政策）. Gewidmet Georg Schreiber zum fünfzigsten Geburtstag. Köln：Gilde Verlag, 1932, S. 237—263.

㊵转引自李工真：《德国对华文化政策的开端》，载刘善章、周荃主编：《中德关系史文丛》，青岛：青岛出版社，1991 年，第 217 页。

㊶Lamprecht 致蔡元培函，中国第二历史档案馆档案："教育总长蔡元培与德国来比锡大学历史研究院关于选派史学人员赴德研究来往函件"，全宗号一零五七，案卷号 512。Kultusminister 原文译为文化部长，但蔡

元培其实出任的是教育总长。

㊷蔡元培：《孑民自述》，朱鸿召编选，南京：江苏人民出版社，1999 年，第 58—59 页。

㊸蔡元培：《孑民自述》，朱鸿召编选，南京：江苏人民出版社，1999 年，第 59 页。

学海知无涯：异域求知苦作舟

蔡元培留德的目的，当然是求知问学，但问题在于，如何才能求取真知和学问呢？说来有趣，在中国的话语系统里，蔡元培已然达到了读书人的高级境界。可不是吗？中了进士，甚至还点了翰林。这可是古代读书人最高的荣誉和出路了。可蔡元培就是不满足，他甚至而立不久就挂冠出京了，这当然与戊戌政变的背景有关，但也可以看出蔡元培这个人是很有自己的定见的，他真的是能不为五斗米折腰的那种人，爱干不干，俺走人！对不远万里漂洋过海到德国去的蔡元培，当然我们主要关心的还是学习新知。蔡元培究竟是怎样治学的？他又是如何突破自己原有的知识限制来获取西方学术的精华的呢？

蔡元培追忆自己留德时的听课经验："在德国进大学听讲以后，哲学史、文学史、文明史、心理学、美学、美术史、民族学，统统去听。那时候，这几类的参考书，也就乱读起来了。后来虽勉自收缩，以美学与美术史为主，辅以民族学；然而他类的书，终不能割爱。"①显然，蔡元培到德国以后，就像进了大观园，什么都好玩，什么都好看，但究竟如何才能入宝山而不空手归，却是一个大问题。因为这样不分主次地广采并蓄，固然可以满足个体的好奇心，但其结果很可能是样样通，样样松。但显然蔡元培是不愿意接受这样的结果的，所以他后来明显地要收缩范围，由博而专，向某些特定的专业和学科方向靠拢。

这种困惑也并不仅仅存在于蔡元培一个人身上，对于那代出国留学，没有经历过现代教育规训模式的中国留学生来说，都普遍存在。张君劢在谈到他们那代人面对西方学说时的盲目，有这样的描述："好像站在大海中，没有法子看看这个海的四周……同时，哲学与科学有它们的历史，其中分若干种派别，在我们当时加紧读人家教科书如不暇及，又何敢站在这门学问以内来判断甲派长短得失，乙派长短得失如何呢？”[②]这个比喻就更形象了，面对庞大的西方学术知识体系，还有其教育学术的组织结构，除了庞杂混乱的感觉之外，还有就是那种孤独与恐惧。孤独，就像人在覆舟处孤岛时的那种寂寞和求生欲；恐惧这个词或许不合适，但就是那种面对知海无涯、人生有限的那种畏惧感，敬畏感。这里除了一些普遍性的问题之外，譬如西学体系确实庞杂，也和蔡元培这代人的整体知识背景有关系。实事求是地说，从中国的旧学背景出来的人，即便再用功，也不可能一下子就能窥得西方学术的堂奥。而德国作为当时世界上最强的高等教育国家，当然具备西方现代意义的学术学科分类。但如何拿来，其实对留德学人是一个严峻的考验。他们虽然因为得时代机遇之先，通过各种手段和门径得到了在德国这个发达的资本主义国家学习的机会，但若论及西学知识体系的驾轻就熟，即便是得时代风气之先的蔡元培之流，也远远不够，这是一场不对称的文化战役。蔡元培在留德时代给吴稚晖的信中也表现出一种求知的困惑：

至勉赴学问云云，则虽不敢不以此为鞭辟，而来此已逾三年。拾取零星知识，如于满屋散钱中，暗摸其一二，而无从联贯；又或拾得他人弃掷之钱串，而曾不名一钱；欲摸索一二相当之钱以串之，而顾东失西，都无着落。惟终日手忙脚乱，常若债负，与日俱增，而不知所届。偶或悍然不顾，引我无目的之乐天观，以强自排遣，则弟之避债台也。盖弟从前受中国读书人之恶习太深，年来虽痛自洗濯，而终未能脱去。又生平有小题大做之脾气，详于小则不能不遗其大。自知其失而终不能改，故沉游于苦海之中，而不能渡也，所幸半佣半丐之生涯，尚可勉强过去。再历数年，或者摸得之散钱稍富，而渐有适当于断烂钱串者，得联合以为小小之结束，则庶几不负故人之期望矣。[3]

这个用钱串来比喻学问的说法，非常有趣，这说明蔡氏在暗中摸索学问，虽然不能说大道渐明，但还是能够把握到学习的乐趣和好处所在的。而且尤其可贵的是，他虽然饱受中国传统学问的熏陶，但并没有那种盲目自大的良好感觉，而是深感知海无涯，对学问保持着一种发自内心的敬畏之情。这与日后那些“无知者无畏”的后来者的态度，显然有天壤之别，而这正是那代人能够成其为“民国风骨”的重要原因之一。蔡元培对自己的留德经历是很谦虚的，按照他自己的话来说就是：“我没有受过正式的普通教育，曾经在德国大学听讲，也没有毕业。”[④]说的好像是个半文盲，至少是个肄业生，但通过我们对其首次留德四年的学业状况来分析，可以看出，这个旁听生不但学习勤奋、选课众多，而且有主见、有定力，既能得德国学术之神，而且不为所囿，成就了自家独特的思想，这就是出自德国而又经过中国传统化用的“教育国家”理念。

留学德国，当然要在德国生活和学习，进入德国的大学，当然不能依靠汉语，而必须娴熟地掌握德语，蔡元培毕竟是一个快四十岁的成年人。他的德语水平究竟怎样呢？他又是何时开始他的德语学习生涯的呢？

其实，早在留德预备期，蔡元培就已经意识到外语学习的重要性，所以他曾专门在青岛学习过德语。他这样回忆说：

陈君梦坡为我介绍于李幼阐君。李君广东人，能说普通话，谙德语，在青岛承办工程方面事业，设有《胶州报》，其主笔为广东易季圭君。李君初于馆中辟一室居我，我租得一楼面后，乃迁居，自理饮食。日到李君处习德语，后李君无暇，荐一德国传教士教我。⑤

这里出现了三个人物，即陈梦坡、李幼阐、无名之德国传教士。这无疑是非常有趣的，让我们看到了在一代巨子蔡元培养成过程中的“平凡之处”，无论是做工程实业的李幼阐，还是那位无名的德国传教士，他们都是蔡校长（北大校长）、蔡总长（首任民国教育总长）、蔡院长（中央研究院院长）成就过程中必不可少的知识营养师与精神养成师之一，没有了这些普通人的甘为嫁衣、援手相助，后来成就的一代师表蔡元培是绝没有可能的事情。我尤其感念的，是那位德国传教士，如果能考证出其姓名无疑是相当有趣的。因为这涉及中德文化交流史的又一件趣事，蔡元培的德语学习竟是在这样一种环境下开始的。不过，现在材料既然难考，则不妨暂且搁置。我们进一步可以看到，蔡元培到青岛去学德语，不过是有了机缘巧合的条件，因为当时他参加爱国学社活动，他的长兄朋友等怕他涉险，乃让他转移地点，但后来危险消除，他们也就取消了给他的经济供给，所以蔡元培被长兄一纸急电召回上海之后，只能怏怏地慨叹："汤、徐诸君以爱国学社已经停办，我无甚危险，遂取消集款助学之约，而属我长兄留我于上海，谋生计。于是我不能再往青岛，而德语亦中辍。"⑥可以看出这是一次蔡元培认真准备，但最终由于经费原因中途夭折的留德设想，时间在 1903 年。此时距离其留德尚有几年时间，但我们可以清楚地看到，经济因素其实是制约人之个体发展尤其是青年时代发展的一个根本要素，对任何人都不能例外。所谓"有钱能使鬼推磨"或许有些极端，但"离开钱是万万不能的"。即便清高品高如蔡氏，也同样如此。没有基本的金元垫底，说什么留学德国，就是学德语都不可能。

好在蔡元培是非常用功的有心人，一方面他自认底子差，另一方面则用功不辍。即便是在到德国以后，蔡元培也发奋学习德语："到柏林后，我与齐、钱二君同寓，齐君本通德语，钱君善英语，我得两君助力不少。齐君本译学馆学生，他的同学顾君孟余留德已数年，诸事熟悉，我等所请的德语教员，均顾君所代选代订。"[7]在这里，我们可以清楚地看到，留德同学之间的相互助力是非常重要的。就以蔡元培而论，他的德语乃半路出家、中年学习，所以其程度肯定相当有限，因为德语在西方语言中可以算是很难学的。以日后季羡林科班出身的条件，刚到德国时都觉得跟不上，需要重新补习德语的口语，更别说蔡元培的起点了。所以找家庭教师来补习德语是必然的，但选择什么样的师资却并不是人人都能判断的。所以齐寿山、顾孟余这样先期到达德国，德语水平较高的留学生自然就成了后来者的"拐棍"甚至"导师"。所谓"一个篱笆三个桩，一个好汉三个帮"，说的就是这个道理。

除了齐寿山、顾孟余之外，还经由这种链性的朋友圈的扩展结交了其他留德友人，譬如薛仙舟、宾步程等。其中薛仙舟最是有趣，他不但“爱国好学，自奉甚俭”，而且甘愿充当蔡元培的德语义务老师：“闵我初学德语的艰苦，排日为我讲德语的文法。”[8]当然礼尚往来，薛仙舟也让蔡元培为他讲古文，彼此交换。这也是一种学习方式，我们大致可以想见那代留德学人的向学求知之情，竟是如此旺盛。

对于蔡元培那代人来说，最重要的是接触到德国学术模式，即人家是在一种现代科学和学术规训的过程中来建立逻各斯的权威地位，并确立了自身的范式，成为世界所公认的学术中心。正是在接触、掌握德国学术和求知方式的过程中，蔡元培接受了学术训练，形成了自己的独特学术和教育观。

在兰普莱希特的课堂上，蔡元培无疑受到了最典型的学术训练，他这样回忆说：“兰氏所创设的文明史与世界史研究所，除兰氏外，尚有史学教授六七人，学生在三四年级被允许入所研究者，那时约四百人。我以外国学生，不拘年级，亦允入所并在兰氏所指导的一门中练习。他的练习法，是每一学期中，提出有系统的问题一组，每一问题，指定甲、乙二生为主任，每两星期集会一次，导师主席；甲为说明的，乙为反驳的或补充的，其他丙、丁等为乙以后的补充者。最后由导师作结论。进所诸生，除参加此类练习班外，或自由研究，或预备博士论文，都随便。”⑨如此，蔡元培给我们绘制了德国学术的基本训练模式，就是教师不仅是宏观通论，而是具体到学生实践中去引领指导，不仅授之以鱼，更要授之以渔。通过这样一种让学生成为研究主体式的学术训练，能真正地培养出学生对学术的亲近之情和基本规则。这其中关键之点有三：其一，以系统问题为导向，也就是说学术研究的问题意识贯穿至关重要；其二，甲乙方二元论争的基本方式，即有守方和攻方，形成一种对问题的正反论辩模式，和辩论赛颇类似；其三，余者补充和导师结论模式，这就在二元论争结构中形成了一种有效补充，尤其是导师的作用得到比较好的体现。

当然必须指出的还有前后背景条件，一是研究者

（三四年级学生）多达400人，二是在研究所生涯中，各人可自由选择其目的，或自由研究，或准备博士论文，应是一种基本训练和自由研究相结合比较好的模式。

当然也还不仅如此，蔡元培的好处是“兼容并包”，所以对求师这点上，也是并不拘泥于几个导师。譬如对摩曼教授的方法论，他也心领神会，自觉运用：

那时候冯德一派的学者摩曼教授（Meumann），适也在这大学。他是应用心理学的实验法于教育学及美学。所著《实验教育学讲义》，是在瑞士大学的讲稿。又著《现代美学》及《实验美学》两书，虽篇幅不多，而门径分明。我想照他的方法，在美学上做一点实验的工作。于是取黑色的硬纸，剪成圆圈，又匀截为五片，请人摆成认为最美的形式。又把黑色硬纸剪成各种几何形，请人随意选取，列为认为最美的形式。此等形式，我都用白纸双钩而存之，并注明这个人的年龄与地位，将俟搜罗较富后，比较统计，求得普通点与特殊点，以推求原始美术的公例。但试验不及百人，归国期迫，后来竟未能继续工作。[10]

摩曼显然不是莱比锡大学的主流学者，但他的方法论确实别具一格，“门径分明”一词说得最清楚，这对学生来说是最可以把握和学习的。果然蔡元培很有创造性，想出了这样一个结合社会科学实证方法论的美学研究法，而且能脚踏实地地付诸实践，已经采访了近百人之多，尤其可见他的兴趣和努力。很可惜，这一思路竟然因归国半途而废！如若不然，从中有更大的发明也未可知。由此我们可以理解那代学人筚路蓝缕之不易，最根本的一条就是因为各种社会条件的限制和背景作用，而不能全心全意地致力于学术，以蔡元培的颖悟和见地，对学术的热情，若能专心学术，未必不能独立发明、有所大成！惜哉！但一方面，这种细微的方法论创新探索所昭示的路径仍值得后人步踪其后；另一方面，这种学术热忱和探究过程为日后博览通识、高屋建瓴的蔡校长的知识和学养形成起到极为重要的作用，并非是白用功！

无论如何，蔡元培通过自己的努力，通过与德国教授的“亲密接触”，接受了基本的严格的学术训练，形成了自己对现代学术和大学的基本认知。我们要问的是，国外留学，是否仅仅有这些学术训练和自觉研究的实践意识，并通过刻苦努力，就能形成未来的大学校长的基本人格和知识积累呢？蔡校长和蔡总长在德国究竟又是怎样炼成的呢？

注释

①蔡元培：《我的读书经验》，参见蔡尚思：《蔡元培学术思想传记》，上海：棠棣出版社，1950 年，第 127—128 页。关于蔡元培在莱比锡大学期间广收博览的听课经历，请参见蔡元培的选课表，Universitätsarchiv Leipzig Signatur：Dep. I/XVI/VII/ C 72 Bd. 2。另可参见蔡建国：《蔡元培与近代中国》，上海：上海社会科学院出版社，1997 年，第 101—102 页。

②张君劢：《西方学术思想在吾国之演变及其出路》，载《新中华》，第 5 卷第 10 期，1937 年 5 月，第 34 页。

③《致吴敬恒函》1911 年 1 月，见蔡元培：《孑民自述》，朱鸿召编选，南京：江苏人民出版社，1999 年，第 56—57 页。

④《何谓文化》(1921 年)，载蔡元培：《蔡元培美学文选》，北京：北京大学出版社，1983 年，第 112 页。

⑤《自写年谱》，载高平叔编：《蔡元培全集》第 7 卷，北京：中华书局，1989 年，第 293 页。

⑥同⑤。

⑦蔡元培：《孑民自述》，朱鸿召编选，南京：江苏人民出版社，1999 年，第 49 页。《自写年谱》，载高平叔编：《蔡元培全集》第 7 卷，北京：中华书局，1989 年，第 297 页。

⑧同⑦。

⑨蔡元培：《孑民自述》，朱鸿召编选，南京：江苏人民出版社，1999 年，第 52 页。

⑩蔡元培：《孑民自述》，朱鸿召编选，南京：江苏人民出版社，1999 年，第 54—55 页。

教育心所系：德国学校细考察

我们知道，蔡元培日后的声名，主要与教育有关。他是作为教育总长、北大校长而立名于世的。那么，他担任这样重要的职位，包括后来的大学院院长、中央研究院院长等，成就了非常显赫的教育与学术领域的事功，这与他留德期间的经历究竟有多少关联呢？他在德国的时候，就已经意识到教育的重要性了吗？他是否已经有意识地考察与收集德国教育的经验与样本，为他日后的教育事功做准备？

通过给学部的咨文中可知，蔡元培的最初设计是以“教育”为中心的，虽然并不以此为专业，但研究教育原理与考察教育现状都是重要任务，而且其归国打算，就是希望“能效壤流之助于教育界”。从他日后的人生轨迹来看，蔡氏未曾食言。研究教育原理读书就可以了，我们看看蔡氏所译介德国学制的著述就不难知道他是读书研究的；可考察教育现状是怎么做的呢？这从他的自述里可以看到：

辛亥八月中旬(阳历十月初旬)，德国大学的暑假尚未完，而中学已开课。我因几位德国朋友的介绍，往维铿斯多中学参观。这中学是私立的，是较为革新的，在课程上，重推悟不重记诵；在训育上，尚感化不尚拘束，于会食前，诵一条世界名人格言，以代宗教式祈祷；注重音乐，除平时练习外，每星期必有一次盛大的演奏；学生得举行茶会，邀教员及男、女同学谈话。我寄住在此校教员宿舍中，历一星期，觉得他们合理化的生活，是很有趣的。[①]

通过这段描述我们可以知道，蔡元培是相当有意识的有心人，虽然出于德国朋友的介绍，但如果不是他自家有兴趣，别人又如何知道并向他提供这样的机会呢？

蔡元培对教育的兴趣由来已久，他早在清末年间就毅然辞官南下，主要从事的就是教育工作。在那个年代，当然也只可能是基础教育阶段的工作。最初回到故乡的绍兴，就受聘出任中西学堂的监督(即校长)，他乃是那个时代里最早的一批“下海者”，不过此海非彼海，不是后来中国人津津乐道的“商海汹涌”，而是精神自由的“职业之海”。对于还在封建制度下生存和谋发展的知识分子来说，脱离传统的仕宦之道，选择一条前途莫测的“自由职业”，需要极大的勇气，绝对不是每个人都能做到的，蔡元培的选择表明了这个人是有选择、有胆量和有风骨的。

蔡元培的留学，进的是大学，所以对德国大学自然耳濡目染，有切身之感受，这一点在他日后长校北大时表现得相当明显，但他显然对教育有着浓厚的兴趣，诚如他在给清廷学部呈文中所表示的，有志于教育之学。所以他一旦得有机会，考察起德国的中学教育来，也是津津有味，触目皆见新意。这所私立中学，显然是较为趋新的，所谓“在课程上，重推悟不重记诵；在训育上，尚感化不尚拘束”，这是基本教育理念的革新，记忆式的教学法长期占到统治地位，但显然不如“推悟式”更能启发人心；而强调感化的教育方式则无疑比简单的戒条规训要更符合现代的教育理念。至于以世界名人格言“代宗教式祈祷”，不知是否多少和蔡氏日后主张的“以美育代宗教”相关？至于说到注重音乐，蔡元培长校北大之后对音乐传习所的大力支持，学生举行茶会之类的方式显然更接近于学生自治的理念，那么看看蔡元培长校北大后各种学生社团的林立与兴盛，就可以约略可见最初的影子。

事实上，蔡元培在留德期间虽未选修有关教育方面的课程，但显然一直在留心考察德国的教育制度。这既包括他有心访问参观的德国中学（蔡元培还翻译过有关德国教育制度的材料，如《撒克逊小学（国民学校）制度》和《普鲁士学制》②），也包括他身处其中的德国大学。

蔡元培的最大声名其实来自于他作为北京大学校长的事功，那么，在德国大学期间，他究竟在多大程度上接触到了德国的大学理念，并且将其纳入自家的知识资源？从书本上得来的知识是一回事，亲身经历和体验又是一回事，作为留德学人的蔡元培，究竟以一种怎样的如切如磋的态度，与德国大学发生了“亲密接触”，并进而将这样一种经验转化为自家改革北大的学理资源？

蔡元培留德四年，其实在柏林只待了一年，所以算起来最多是个旁听生，其正宗的留学接收单位——是莱比锡大学。这样算来，蔡氏距离世界学术中心——柏林大学的关系，还是远了些。但所谓“闻道不问先后”，抓住老鼠的猫才是好猫，从这点来说，蔡元培却是与柏林大学的基本理念和精神息息相关，这不仅因其阅读著作和接触精神而受到深刻影响，而且也与他的亲身体验相关。蔡元培曾如此回忆道：

忆鄙人游学德国时，曾遇大学纪念会两次：一、来比锡大学之五百年纪念会；二、柏林大学之百年纪念会也。其间布置，大同小异，不外印刷品、演讲会，演大学历史之巡游队、晚餐会等而已。而时过境迁，所遗留者，亦仅有印刷品及记述之演说词耳。（蔡元培：《北大

二十周年纪念会演说词》)

应该说，这两次德国大学校庆的遭遇，对于蔡元培近距离兼深度认知德国大学是一绝好机会。德国第一批大学的创建情况大致如下：布拉格大学(即查理大学，创立于1348年)、维也纳大学(1365年)、海德堡大学(1386年)、科隆大学(1388年)、爱尔福特大学(1392年)、莱比锡大学(1409年)、罗斯托克大学(1419年)。由于布拉格、维也纳今已不在德国境内，现在人们习惯上把海德堡大学看作德国历史最古老的大学。到16世纪时，德国已拥有42所大学，是当时欧洲大学数量最多、最密集的国家。[③]莱大与柏大都是德国名校，当莱比锡大学1909年庆祝其500周年诞辰时，不妨将其看作中世纪大学的代表；而于1910年庆祝其百年纪念的柏林大学(建于1810年)，则乃现代大学的滥觞。作为先后求学柏大、莱大的蔡元培来说，能在留德期间躬逢其盛，自然是难得的考察德国两类大学发展经验的良机。虽然在蔡氏口中，其场景似乎大同小异，可借助印刷品与演说词，于一般人而言却是难得的了解校史、洞察幽远的窗口。对有心考察教育的蔡元培来说，凭借“时过境迁”后的文字资料，仍可不断地回到柏、莱两校的历史语境中去。所以，我们有理由推断，正是通过这些在留学国貌似平常的参观、访问和身与等活动方式，再加上自身就处于其具体的教育环境之中，他自称在莱大学习期间“于哲学、文学、文明史、人类学之讲义，凡时间不冲突者，皆听之。尤注重于实验心理学及美学”④。悉心体会、潜心探究，使得蔡元培能对德国教育，尤其是大学教育有比较深切的认识和了解，再加上他对本土问题的持久关注，所以难怪后人推崇他：“此前十多年的教学经验及管理实践，以及留学时的深思熟虑，使得蔡元培出长北大后，能够运筹帷幄，指挥若定。”⑤留学时是否就有了深思熟虑，其实很难说，因为当时在德国为稻粱谋的蔡元培，恐怕很难算到日后就会出任大学校长，甚至具体到出任北大的校长，他只是出于对教育尤其是高等教育的兴趣，才会对德国大学状况予以特别关注。这一点在他与曾任其副手、并日后出任教育总长的范源濂的讨论中表现得很清楚。按照他自己的回忆，他们之间一直有个有趣的比喻，也就是将高等教育和基础教育比喻为“蛋与鸡的关系”。蔡元培自己有很形象的回忆：

我与次长范静生君常持相对的循环论，范君说：“小学没有办好，怎么能有好中学？中学没有办好，怎么能有好大学？所以我们第一步，当先把小学整顿。”我说：“没有好大学，中学师资那里来？没有好中学，小学师资那里来？所以我们第一步，当先把大学整顿。”把两人的意见合起来，就是自小学以至大学，没有一方面不整顿。不过他的兴趣，偏于普通教育，就在普通教育上多参加一点意见。我的兴趣，偏于高等教育，就在高等教育上多参加一点意见罢了。⑥

这个思路倒是不错，彼此虽然意见相左，但却可以各执己见同时能够互相包容。从这一点上，我们可以想见那代人的气度和风骨，范源濂与蔡氏党派不一，意见不一，但却可以慨然应邀出任副总长。而蔡元培则坚持对大学重要性的观念，并始终不懈地积累知识，他对德国大学的了解，也还不仅以留学时代为限度；即便是在担任北大校长以后，蔡校长遇有机缘，仍会随时向德国大学学习，不过这里或更注重现时代的实践层面，譬如1921年3月17日，蔡元培作为北大校长访问柏林大学校长赛佛尔(Sefle)，“询大学情形。彼言：校长及各院院长，均由教授会选举，一年一任。常川办公者为大学法官及秘书；校长及院长均各有秘书。校长于午前授课，午后一时至四时在办公室，余时尚须交际及研究，甚忙。每日由三书记报告各事及询问意旨，然重要文件须校长自撰”[7]。如此看来，蔡元培对作为大学校长的办公细节其实是很关注的。他的大学情结，自然也是一直保持着的，无论是在留学之际，还是充任校长之后，都保持了对大学行政管理的关注，这是一种敬业的表现，更是一种对未知知识世界的探索热情。不过，我这里要特别强调的是，在亲身体验的教育实践之外，其实理论学习和探究，也会扮演一个非常重要的角色。

对于大学思想，他是怎么看待的呢？蔡元培是否接触到了德国大学思想的核心部分，他又是怎样对待这种外来观念的呢？这一点，我们看看他对包尔生的大学著述的接触和译介就可以知道了。

从以上论述可知，蔡元培的德国大学经验，主要仍集中于他曾就读的两所大学，即柏林大学和莱比锡大学。但前者他并未能真正的入学求道，后者也没有获得学位，顶冠显赫。所以，要推究蔡元培的大学知识资源，我认为必须考察其学术求知的孔道来源。这其中一个比较典型的标志，就是蔡元培通过包尔生，对德国大学的理念、历史和精神，都有比较深刻的把握。蔡元培翻译过他的《德意志大学之特色》一文，此文原刊于《教育杂志》第 2 年第 11 期，1910 年 12 月 11 日。前有说明谓："此篇为故柏林大学教授、博士巴留岑所著《德意志大学》总论(部分)。博士在德国学界有重名，是篇又为名著，颇足供参考。"作者包尔生(Paulsen，Friedrich，1846—1908)，是德国著名哲学家、教育学家与伦理学家。师从费希纳(Fechner，G. T.)，乃康德派重要人物。其著述丰富，包括《哲学导论》、《伦理学体系》、《哲学史》、《教育史》等。所谓《德意志大学》一书，就是《德国大学与大学学习》(*Die deutschen Universitäten und das Universitätsstudium*)一书，出版于1902年。包尔生指出：

欧洲近代，大学勃兴，其数多不可计。然可约之为三种，即别各国大学为英国风、法国风、德意志风三者是也。[8]

应该说，这一区分英、法、德大学风格的路径是不错的，而且，这一思路还可拓展，即在民族文化方面，英、法、德也完全展现出截然不同的价值与思维取向。当然，最重要的还是把握德国大学的特点："德国大学，由政府设立维持，而亦由政府监督之，与法国同。惟旧时团体之性质，尚有存者，故其自治力，亦未尽泯，全校职员之选举，属于其权限之内，故学长及评议员部长等，皆自行选举，于教授之任免，尤有非常之势力，授与博士之学位，选任无俸之教授，亦由大学决定，政府又付以选任各种讲师之权。故德国大学，于普通之组织，独能保存最初之形式焉。"这是强调德国大学相对政府权力的学术独立，即便大学接受政府的资助和管理，但仍不能对政治权力屈膝俯首，日后德国大学界与政治权力的数度交锋即可作为明证。其次，则“德国大学，不特为科学研究之场，且为奖励之所，以德人视之，奉职于大学者为教师，又为研究科学之人，而研究科学之人，同时又为有大学程度青年之师，其重视科学之研究盖如此。故大学教育，以科学的教育为主，实为事理所必至。盖其目的，非职业上实地之训练，而在授以科学的知识与科学的研究之径途也”。(巴留岑《德意志大学之特色》)这也是很有见地之言，也就是说学术机构除了作为追求知识和真理的天然平台之外，也还应具备承担维持学术场域秩序，尤其是健康成长和发展的良性主导力量。所谓奖励，并非单纯为奖励而奖励，而是通过奖励这种手段使得学术发展本身能形成一种良性秩序。

即便是在担任北京大学校长之后，蔡校长仍然怀抱虚心之态度，一有机缘，仍然对外国大学的情形抱有极为浓厚的了解兴趣，看他在出访途中不厌其烦地询问有关大学管理的种种实际情形，就可以知道他的关怀深远和落手细微。这其中，也包括了对其留学多年、颇为熟悉的德国大学。任何一种知识探求都是永无止境的，只有那些敢于承担大任，将自己的目标设定在人类文明高端处的人物，才会生命不止、学习不止，这种求学不仅是开卷读书，更是行路做事、体认自然，蔡元培的知识与修养形成过程，或许正可为其中一个最好的注释。

所以，通过上述的简笔勾勒，我们看到蔡元培不仅考察了德国的基础教育，更对大学教育有着从实践到理论的亲密接触，所以他日后之执掌北大，能够从容运用自己掌握的知识资源，在一盘复杂的大棋盘上绘制自己理想中的图卷。那么，我们确实可以说，蔡元培作为一个教育家，实在是有着高境界、大手笔的人物，他是一个能超出狭隘的利益考量、具体的场域制约而尽可能站到客观点上把握民族国家发展的大人物。这样的一个人，他既有崇高的理想和自持的人格，又做了充分作业和知识准备，又怎么不会在民国将起的大幕里扮演重要角色，在文化与教育的场域中叱咤风云于一时，奠基制度宏规于未来，利于民族和文明在长远？时代是等待做好准备的人的，我们不需要过多地去针砭时弊、愤慨激昂，报国或更在于“随风潜入夜，润物细无声”。做一个对自己的国家有贡献的人，对人类文明发展有贡献的人，其实并不在于轰轰烈烈的垂名千古，而更在于脚踏实地、默默准备，遇有机缘则扬眉剑出鞘、以血荐轩辕，否则在沉默无声中做一个常人该做的事，尽到应尽的义务，也可仰无愧于天，俯无愧于地，行无愧于人，止无愧于心。蔡元培的人格魅力，或正在于此。

注释

①蔡元培：《孑民自述》，朱鸿召编选，南京：江苏人民出版社，1999 年，第 57—58 页。

②高平叔：《蔡元培年谱长编》上册，北京：人民教育出版社，1996 年，第 372—373 页，第 385 页。

③参见贺国庆：《德国和美国大学发达史》，北京：人民教育出版社，1998 年，第 15 页。

④《传略》上，载高平叔编：《蔡元培全集》第 3 卷，北京：中华书局，1984 年，327 页。

⑤《“兼容并包”的大学理念》，载陈平原：《北大精神及

其他》，上海：上海文艺出版社，2000 年，第 32 页。

⑥《我在教育界的经验》，载高平叔编：《蔡元培全集》第 7 卷，北京：中华书局，1989 年，第 197 页。

⑦蔡元培：《孑民自述》，朱鸿召编选，南京：江苏人民出版社，1999 年，第 77 页。

⑧巴留岑：《德意志大学之特色》，载《蔡元培全集》第 9 卷，杭州：浙江教育出版社，1997 年，第 447—448 页。此文原刊于《教育杂志》第 2 年第 11 期，1910 年 12 月。前有说明谓："此篇为故柏林大学教授、博士巴留岑所著《德意志大学》总论(部分)。博士在德国学界有重名，是篇又为名著，颇足供参考。"作者巴留岑何许人也？我估计很可能是包尔生。

精神之熏陶：文艺滋润修养成

蔡元培是一个非常有艺术情趣的人，他是那种能够在知识与艺术的语境中悠游自在、独享其乐的人，所以也就很可以理解，他不是那种枯坐书斋的苦学者类型。就此而言，对德国文学与艺术的接触和认知，对他的知识养成也具有非常重要的作用。那么，蔡元培是通过何种渠道来了解德国文艺，并进而接触到德国精神的呢？课堂还是课下？老师还是同学？书本还是实地？

对任何一个国家来说，能表现出其民族精神最高深者，非文学艺术莫属。而文学作为一种精神层次的产品，虽然貌似无用，而其关乎者最大。这只取决于观者的思维、层次、境界而已，像莎翁、歌德、雨果这样的大家，其对人类精神史乃至文明史的意义，怎么高估也不过分。那么，像蔡元培这样的人物，对德国文学和艺术的接触究竟是怎样的呢？设若如此追问，就必须深入考察蔡元培在留德时代对德国的各类文学艺术体裁的接触可能。

戏剧与文学的渗透。对歌德这样的文学史巨子，蔡元培显然是不但有所接触，而且深有情系。作为中国现代学术范式开辟者的胡适（1891—1962），因其留美背景，而暴得大名，自有其能够立身的看家本领。在其名著《红楼梦考证》中，胡适毫不客气地将其破格聘用的蔡校长的《石头记索隐》归之为“附会的红学”之列，批评其“走错了道路”，甚至不无讥讽地挖苦为“大笨伯”。这桩公案，可以大致反映出当时中国现代学术场域初建时的语境，即在学术观点上是直言相辩的。而蔡元培则非但不利用职权给其下属“穿小鞋”①，而是奋起自辩曰：“然胡先生之言，实有不能强我以承认者。”②所以发表于1922年的《第六版自序》就是一篇为自家辩护的好文章。而在其中，歌德之著《浮士德》则被用来作为有力论据：

至如 Goethe 之著 *Faust*，则其所根据之神话与剧本，及其六十年间著作之经过，均为文学史所详载。而其内容，则第一部之 Gretchen 或谓影 Elsässirin Friederike（Biélschowsky 之说），或谓影 Frankfurther Gretchen（Kuno Fischer 之说）。第二部之 Walpurgisnacht 一节为地质学理论。Helena 一节为文化交通问题。Euphorion 为英国诗人 Byron 之影子（各家略同）。皆情节上之考证也。[3]

这里说的是《浮士德》诗剧的人物来源，都是可能与历史人物相关的。可见蔡元培对《浮士德》相当熟悉，因为这与其留德背景颇有关系。蔡元培对《浮士德》的兴趣，或起源于莱比锡大学的课堂之上。他曾选修过“歌德之戏剧”、“歌德《浮士德》注解”等课程[4]，而歌德对德国文化之重要，更是会在各种课堂上被教师频繁征引。所以蔡元培应当不仅看过戏剧演出，而且应常在课堂上受到熏陶，更可能读过原著。更重要的是，莱比锡本身就与歌德有很深的渊源。蔡元培曾如此记述其曾访问莱比锡的歌德遗迹：

德国最大文学家哥德（Goethe）曾在来比锡大学肄

业，于其最著名剧本《弗斯脱》中，描写大学生生活，即在来比锡的奥爱摆赫酒肆中(Auerbach)。此酒肆为一地底室，有弗斯脱博士骑[唱]啤酒的壁画，我与诸同学亦常小饮于该肆。普通演《弗斯脱》剧本的，都只演第一本，即法国人所译编的歌剧，也只有第一本。第二本节目太繁，布景不易，鲜有照演的。惟来比锡因系哥德就学之所，而弗斯脱于芬斯脱节(Fenste)之夜，正欲服毒，闻教堂之歌舞而中止，所以来城剧院于五月芬斯脱节前后，特排日连演第一、第二之两本。我在来城三年，每年届期必往观。[5]

从这段文字来看，蔡元培对歌德、浮士德乃至其戏剧舞台状况都相当熟悉。而德国啤酒馆的温馨气氛，想来对蔡元培理解昔日学长的文学创作有着更多的催化剂作用，如此身临其境，让蔡元培不对歌德与浮士德印象深刻恐怕也是很难。蔡元培对《浮士德》的记录不仅于此，他还曾在书信中写道："此窟室为利俾瑟巴家之最古者，其名已见 Goethe 所著 *Faust* 曲中。壁画皆十五世纪人手笔，此片摹其二方。"[6]所以，我们可以看到，即便在蔡元培留下的远非完整的文字记录中,《浮士德》可以说是一再出现,由此当可想见他对这部诗剧的亲近程度。

对德国的戏剧传统,蔡元培也是深有体会,他回忆在莱比锡时:“有一戏院,每日演话剧或小歌剧。”[⑦]其中尤其是“小歌剧轻松婉丽”,他的同学张仲苏甚好此道,那么自然连带感染了蔡元培,有时也一起去观赏。

而更重要的则是话剧所起到的勾连舞台艺术与文学作品的作用,“话剧多古今文学家作品,寄托遥深。又德国舞台科白,为标准德语,听戏亦为练习语言的一法。大学体谅学生,每日于门房中留有中等座位的折价券若干张,备学生购取。报纸则于星期日揭载七日戏目。我等愿于某日观某剧,如未曾读过剧本,可先购一本,于观剧以前读完它,更易得益”[⑧]。如果按照这样的规则,作为德国大学生获得的潜移默化的教化之可能,真是有无限广大的空间。这也正让我们可以看到德国戏剧极为重大的文化史意义,诚如席勒所指出的,戏剧乃是“人类生活的一面坦诚的镜子”(ein offener Spiegel des menschlichen Lebens)[9]，而剧院则是“一把打开人类心灵最隐秘入口的万能钥匙”(ein unfehlbarer Schlüssel zu den geheimsten Zugängen der menschlichen Seele)[10]，其于道德教化和民族风化关系极大焉。当然还有其他的原因，譬如具体到莱比锡来说，这个城市“为德国印刷业集中地点，有一雷克拉谟(Recram)印行小本，版权满期的文学书或科学书，每号价不过二十生丁”[11]，则出版、印刷等因素都应包括在内。

音乐、美术之熏陶。蔡元培是一个非常有文艺修养的人，看看他日后在北大主导设立的画法研究会、音乐讲习所等就可以看出其情趣广博，之所以如此，其实也不妨追溯到留德时代。因他对音乐，对美术，都是很喜爱的。在他的记忆中，“此地(指莱比锡，笔者注)美术馆，以图画为主，当然不及柏林、明兴等处美术馆的富有，但自文艺复兴以后的诸大家，差不多都有一点代表作品，尤其尔时最著名的印象派作家李勃曼，因曾寓此城，所陈列作品较多。其第三层将各国美术馆所收藏之名画，购其最精的照片，依时代陈列，阅者的印象虽不及目睹原本的深刻，然慰情聊胜无”[12]。显然蔡元培到各地是很注意观察美术馆的，对于柏林、慕尼黑、莱比锡等地的美术馆不但有比较，而且有自己的见地，更有对日后中国如何设立美术馆的思考。

其实，德国的艺术氛围很好，不仅是有专门的美术馆涉及，在日常社会生活中就有自然的图画、雕塑的渗入，包括在大学生活中，“来比锡大学礼堂中正面的壁画，为本地美术家克林该所绘。左部画一裸体而披蓝衫的少女，有各民族雏形的人物环拱着，这是希腊全部文化的象征。中部画多数学者，而以伯拉图[柏拉图]及雅里士多德为中坚，伯氏着玄衣而以一手指天，为富于理想的象征。雅氏着白衣而以一手指地，为创设实证科学的象征。右部画亚力山大率群臣向左迈进，为希腊人权威的象征。克氏又采选意大利各种有色的文石雕一音乐大家贝多汶[贝多芬]坐像，设在美术馆庭中”[13]。如此，学生在进出大学礼堂的时候，自然要对着壁画和雕塑耳濡目染，所以像柏拉图、亚里士多德、贝多芬这样的文化人物也肯定耳熟能详。

美术馆之外，还有博物馆。蔡元培对莱比锡的民族学博物馆很熟悉，馆长也在大学里兼课，蔡元培曾专门去听馆长的课程。还有植物园，蔡元培记述道：“有一花园名曰椰园（Palmgarten），因园中有一玻璃房，专培养热带植物。有一演奏厅，于星期日午后及晚间奏音乐，我常偕同学往听。德国音乐名家最多，普通人多能奏钢琴或提琴者，我也受他们的音［影］响，曾学钢琴，亦曾习提琴，然均不久而中辍。”[14]看来蔡元培还是一个很有情趣的人，不仅是愿意去听音乐，甚至自己也动手上阵；这其实也与德国的传统有关，很少有德国人不会演奏一门乐器的，这也是这个民族成员的基本文化修养。而正是德国语境中音乐、美术的基本素养，才形成了蔡校长日后博通各科、注重艺术的高等常识。

美学教育之涵养。对于蔡元培来说，除了德国社会里艺术语境的直接作用，大学课堂上的如切如磋也是非常重要的，譬如美术史、文学史、美学等课程的修习。按照蔡元培自己的说法，“我于讲堂上既常听美学、美术史、文学史的讲演，于环境上又常受音乐、美术的熏习，不知不觉的渐集中心力于美学方面。尤因冯德讲哲学史时，提出康德关于美学的见解，最注重于美的超越性与普遍性，就康德原书，详细研读，益见美学关系的重要”[15]。这里就涉及一个很重要的环节，即由实践而理论的过程。在蔡元培选择的课程中，冯特是很主要的一个老师，他是德国大学者，尤其是在心理学方面成绩卓著。按照蔡氏的说法：“冯德是一位最博学的学者，德国大学本只有神学、医学、法学、哲学四科（近年始有增设经济学等科的）；而冯德先得医学博士学位，又修哲学及法学，均得博士；所余为神学，是彼所不屑要的了。他出身医学，所以对于生理的心理学有极大的贡献。所著《生理的心理学》一书，为实验心理学名著。世界第一个心理学实验室，即彼在来比锡大学所创设的。又著民族心理学、论理学、伦理学、民族文化迁流史、哲学入门（此书叙哲学史较详），没有一本不是元元本本，分析到最简单的分子，而后循进化的轨道，叙述到最复杂的境界，真所谓博而且精，开后人无数法门的了。”[16]当然，蔡元培不是独尊一家，而有兼容并蓄的大胸怀，所以他对其他学者，哪怕是同一学派者也很加留意。所以，他会对冯特一派的学者摩曼特别关注。摩曼对蔡元培是非常有方法论上的影响的，不仅如此，他还将摩曼纳入到美学史中去考察："摩曼于 1908 年发布《现代美学绪论》，又于 1914 年发布《美学的系统》，虽然都是小册，但对于美学上很有重要的贡献。他说建设科学的美学，要分四方面研究：(一)艺术家的动机，(二)赏鉴家的心理，(三)美术的科学，(四)美的文化。若照此计划进行，科学的美学当然可以成立了。"[17]

而之所以能做到如此，与蔡元培对德国美学史清晰和完整的认知密不可分，如他在鲍姆加登(Baumgarten, Alexander Gottlieb，1714—1762)、康德之外，就很推崇席勒的意义："经席勒尔(Schiller，1759—1805)详论美育之作用，而美育之标识，始彰明较著矣。(席勒尔所著，多诗歌及剧本；而其关于美学之著作，惟 *Brisfe Über die Ästhetische Erziehung*，吾国'美育'之术语，即由德文之 Ästhetische Erziehung 译出者也。)自是以后，欧洲之美育，为有意识之发展，可以资吾人之借鉴者甚多。"[18]应该说，蔡元培对美学有整体的把握，尤其对以德国学术史为主线的美学史有自觉的梳理和认知。仅从《美学的进化》一文看，从希腊、罗马谈起，到意、法、英等国名家均有铺垫，然后推鲍姆加登为"美学上第一新纪元"，之后分解出两条线路，即所谓"哲学的美学"与"科学的美学"，前者由康德—席勒—谢林—黑格尔—叔本华—赫尔巴特—齐默曼(Zimmermann)—克尔希曼(Kirchmann)—哈特曼(Hartmann)集大成[19]；后者则自费希纳(Gustav Theodor Fechner，1801—1887)分为实验派、色彩派、声音派、简单线排列派等。也就是说，一方面蔡氏注意到美学界的范式转换趋势(包括他接着详细论述"美学的研究方法")，另一方面则审慎地判断"照上列各种研究法，分门用功，等到材料略告完备了，有人综合起来，就可以建设科学的美学了"[20]。所以，蔡元培自己实际上有此意识，即参与科学的美学之建设。所以，难怪日后蔡元培会骄傲地说："美育的名词，是民国元年我从德文 Ästhetische Erziehung 译出，为从前所未有。"[21]而他在日后的实践活动中，也确实对于美育甚为提倡，他曾极力主张“文化运动不要忘了美育”，说：“现在文化运动，已经由欧美各国传到中国了。解放呵！创造呵！新思潮呵！新生活呵！在各种周报日报上，已经数见不鲜了。但文化不是简单，是复杂的。运动不是空谈，是要实行的。要透彻复杂的真相，应研究科学。要鼓励实行的兴会，应利用美术。科学的教育，在中国可算有萌芽了。美术的教育，除了中小学中机械的图画、音乐以外，简截可说是没有。”[22]遗憾的是，蔡校长毕竟不是一个自觉接受现代学术训练的纯粹学者(非无意识)，他的定位仍主要是开风气的大学/学术领袖，故其为开辟性的前驱工作固无疑义，引入德国资源建设中国之美学学科的事业，仍要待宗白华等人之继起[23]。

精神修养形成的无用之用。我们看蔡元培的人格和精神形成过程，是非常有趣的。就是说，他的知识结构中那些无用的东西，占了相当大的成分，像戏剧、美术、音乐，乃至美学、哲学、伦理学等，都是实用主义者看来毫无用处的东西。但恰恰是这些知识，构成了一代学人蔡元培的基本精神资源，成为他日后纵横捭阖于中国文化场域的利器。德国是哲学大国，同时也是美学大国。所以也难怪，在蔡元培眼中，“德国学者所著美学的书甚多，而我所最喜读的，为栗丕斯(T. Lipps)的《造形美术的根本义》(*Grundlage der Bildende Kunst*)，因为他所说明的感入主义，是我所认为美学上较合于我意之一说，而他的文笔简明流利，引起我屡读不厌的兴趣”[24]。即便是满目皆书，但也必然有所选择，书和书不同，正如人与人不同，在读者心目中，尤其是在知识精英的眼里是必然有高下之分、远近之别的。

譬如蔡元培对歌德的认知就非同一般，除了上述对《浮士德》的熟稔和征引之外，他对歌德其他著述显然也相当熟悉，不仅是一般的文学作品，甚至包括他的科学著作，如他在谈论美术起源问题时，就引用说：“Goethe曾说，红色为最能激动感情，所以初民很喜欢他。”[25]涉及的乃是歌德对颜色学的研究。在这里，通过歌德这个中介，蔡元培其实已经部分形成了他的“科学与美育并举”的理论，歌德本就是个了不起的大人物，不仅是常人加给他的诗人、戏剧家、文学家乃至思想家的头衔，他还是一个最好的美学家、科学家合一的代表。对此蔡元培虽未明确提及，但就他对歌德的认知来看，无疑是意识到了的。

后人推崇蔡元培称："看看蔡校长兴趣盎然地谈论文学、史学、哲学、美术、音乐、政治、伦理、教育等，而且全部都具备'高等常识'，你不能不佩服。这样的大学校长，方才配谈'兼容并包'。"[26]在学术性知识之外，行万里路的性情涵润其实不可忽略。而我此处想强调的则是一个成功的大学校长，不仅需要高等常识，更需要精神修养，戏剧与文学、音乐与美术，乃至美学与美育，这当然就包括莱比锡的美术馆、民族学博物馆、酒吧和舞台等都对北大校长蔡元培"高等常识"，尤其是"精神修养"的形成很有贡献。

注释

①《〈石头记索隐〉第六版自序——对于胡适之先生〈红楼梦考证〉之商榷》，载蔡元培：《蔡元培经典》，北京：当代世界出版社，2016年，第229页。

②蔡元培：《石头记索隐》，载《蔡元培全集》第 3 卷，杭州：浙江教育出版社，1997 年，第 119 页。

③蔡元培：《石头记索隐》，载《蔡元培全集》第 3 卷，杭州：浙江教育出版社，1997 年，第 120 页。

④莱比锡大学档案馆的蔡元培选课表，Universitätsarchiv Leipzig Signatur：Dep. I/XVI/VII/ C 72 Bd. 2。另参见蔡建国：《蔡元培与近代中国》，上海：上海社会科学院出版社，1997 年，第 101—102 页。

⑤蔡元培：《孑民自述》，朱鸿召编选，南京：江苏人民出版社，1999 年，第 54 页。

⑥1909 年 4 月 4 日蔡元培致陈介的明信片(从莱比锡发往柏林)，转引自《蔡元培留德生涯之一瞥》，载张伟：《满纸烟岚》，上海：上海教育出版社，2007 年，第 6 页。

⑦蔡元培：《孑民自述》，朱鸿召编选，南京：江苏人民出版社，1999 年，第 53 页。

⑧同⑤。

⑨Schiller, Friedrich von："Über das gegenwärtige deutsche

Theater". in Schiller, Friedrich von：Gesammelte Werke(席勒全集). Band 8. Berlin：Aufbau-Verlag, 1955. S. 79. 中译文见席勒：《论当代德国戏剧》(1782年)，载[德]席勒：《秀美与尊严——席勒艺术和美学文集》，张玉能译，北京：文化艺术出版社，1996年，第1页。

⑩Schiller, Friedrich von："Die Schaubühne als eine moralische Anstalt betrachtet". in Schiller, Friedrich von：Gesammelte Werke(席勒全集). Band 8. Berlin：Aufbau-Verlag, 1955. S. 101. 中译文见席勒：《好的常设剧院究竟能够起什么作用？(论作为一种道德机构的剧院)》，载[德]席勒：《秀美与尊严——席勒艺术和美学文集》，张玉能译，北京：文化艺术出版社，1996年，第15页。译文有改动。

⑪同⑤。

⑫同⑦。

⑬蔡元培：《孑民自述》，朱鸿召编选，南京：江苏人民出版社，1999年，第52—53页。

⑭同⑫。

⑮同⑤。

⑯蔡元培：《孑民自述》，朱鸿召编选，南京：江苏人民出版社，1999 年，第 50—51 页。

⑰《美学的进化》(1921)，载蔡元培：《蔡元培美学文选》，北京：北京大学出版社，1983 年，第 126 页。

⑱《美育》，载蔡元培：《蔡元培美学文选》，北京：北京大学出版社，1983 年，第 175 页。德文原有小错，径改。此文一般译为《审美教育书简》，原题见"Über die Ästhetische Erziehung des Menschen in einer Reihe von Briefen", in Schiller, Friedrich von: Gesammelte Werke (席勒全集). Band 8. Berlin: Aufbau-Verlag, 1955. 蔡元培对经由康德到席勒的德国美学史路径颇有认知："绍述康德的理论，又加以发展的，是文学家希洛(Schiller)。他所主张的有三点：一、美是假象，不是实物，与游戏的冲动一致。二、美是全在形式的。三、美是复杂而又统一的，就是没有目的而有合目的性的形式。"《美学的进化(在湖南第三次讲演)》(1921

年），载蔡元培：《蔡元培美学文选》，北京：北京大学出版社，1983年，第124页。

⑲《美学的进化（在湖南第三次讲演）》（1921年），载蔡元培：《蔡元培美学文选》，北京：北京大学出版社，1983年，第122—126页。

⑳《美学的研究方法》（1921年），载蔡元培：《蔡元培美学文选》，北京：北京大学出版社，1983年，第133页。

㉑《二十五年来中国之美育》，载高平叔编：《蔡元培全集》第6卷，北京：中华书局，1988年，第54页。

㉒蔡元培：《文化运动不要忘了美育》，载《晨报副刊》，北京，1919年12月1日。

㉓宗白华1921年夏季学期—1924年冬季学期在柏林大学注册，读哲学和美学。他直接受业于德国著名美学家和艺术史家德索（Dessoiz）、伯尔施曼（Bolschman）和哲学家里尔（Riehl），听他们讲授温克尔曼、莱辛、席勒、歌德、康德、黑格尔的美学和艺术哲学理论。这种专业训练，对于宗白华来说得益匪浅并深刻影响

了他日后致力于美学的人生轨迹。详细论述，参见叶隽：《另一种西学——中国现代留德学人及其对德国文化的接受》，北京：北京大学出版社，2005 年，第 127—192 页。

㉔同⑤。

㉕《美术的起原》，载蔡元培：《蔡元培美学文选》，北京：北京大学出版社，1983 年，第 91 页。

㉖《“兼容并包”的大学理念》，载陈平原：《北大精神及其他》，上海：上海文艺出版社，2000 年，第 33—34 页。

风物放眼量：游览异邦行长路

中国古人有一句话，叫作“读万卷书，行万里路”。对于一个获取知识的人来说，除了静坐书斋的读书求知之外，行万里路，通过实地接触而接通“地气”，并非不切实际的务虚空谈，至少在现代学术的意义上，乃是具有人类学自觉的求知方式。而就前人而言，游览风物则是必不可少的增长阅历的过程。蔡元培是中国现代学术建立期的大人物，他的眼光和操守，都是千里挑一之选，之所以如此，与其留德经验密切相关。故此，在德国期间，他的游览异邦经历，其实也正可作中国现代学人长路探源走向世界的窗口来看。

蔡氏的留德经历，也并非仅就其呈文中的专业学习与考究教育而已，本就不求学位，再加上自觉的“美学”意识与广博兴趣，所以游学也自是题中应有之义：

暑假中常出去旅行。德国境内，曾到过特莱斯顿[德累斯顿](Dresden)、明兴[慕尼黑](München)、野拿[耶拿](Jena)、都绥多茀[杜塞尔多夫](Düsseldorf)等城市。德国境外，仅到过瑞士。往瑞士时，我本欲直向卢舍安(Lucean)；但于旅行指南中，见百舍尔(Basel)博物馆目录中，有博克令(Böcklin)图画，遂先于百舍尔下车，留两日，畅观博氏画二十余幅，为生平快事之一。博氏之画，其用意常含有神秘性，而设色则以沉着与明快相对照，我笃好之。[①]

从这段记述来看，蔡元培还是一个很有情趣之人，他的留德生涯，并非仅是在书斋课堂之上，也还包括了“读万卷书，行万里路”的内涵。而这点对作为学者的蔡元培之养成非常重要，不可不察。同为借鉴德国美学而推进中国美学的人物，宗白华的美学观或可为蔡元培的游览经历略做注脚[②]，在后者看来，“美学就是一种欣赏”，而“创造和欣赏是相通的。创造是为了给别人欣赏，起码是为了自己欣赏。欣赏也是一种创造，没有创造，就无法欣赏”。无论是“听音乐，看歌剧，游图画院，浏览山水”[3]，在表面游玩背后则都具美学意义。其功用则同样非同小可，用宗氏自家话说就是：“1920年我到德国去留学，广大世界的接触和多方面人生的体验，使我的精神非常兴奋，从静默的沉思，转到生活的飞跃。”[4]这里所指的，显然不仅是在大学课堂上听讲读书而已。而蔡元培的游历生涯，其实亦同样可作此看待。不仅德国的重要城市，诸如德累斯顿、慕尼黑、耶拿、杜塞尔多夫等都留下其“飞雪鸿泥”；就是瑞士，也曾专门去参观其美术馆。难怪后人推崇他广涉各种学问，且都具备“高等常识”，是有资格谈“兼容并包”的大学校长[5]。这里说的当然是蔡氏学问涉猎的广度，可学问并非仅从书本而来，没有“读万卷书，行万里路”的开阔胸怀，如何能够真的有超出一般书生私见的“囊括大典，恢宏能包”？事实上，莱比锡的美术馆、民族学博物馆、上演话剧或小歌剧的戏院等都对北大校长蔡元培“高等常识”的形成，贡献颇多。

1920年的欧美考察，对蔡元培来说，则是难得的“一日看遍长安花”。这种专门的行路旅行，其实较之留学时代的苦行游览更有其便利。做留学生，毕竟经济相对拮据，很难随心所欲，因为旅行要求的是充足资金、闲情逸致和各种便利条件。而作为官方派遣的代表，其考察行程则毋庸为稻粱谋，且到各处往往有很好的接待，所以更能便捷地达到考察旅行行万里路的目的。

1920年，蔡元培有欧美之行，先到法国，再到德国，甚至漫游世界。这里仅就其德国之行的“饱览风光”略做考察。作为北大校长的蔡元培，对德、法两国大学制度、思想遗产都尽情吸收，但却决不仅限于此。蔡氏的眼光是宏通的，在德、法之外，举凡英、美、日、俄，他都曾关注，值得细加考察，一个重要的手段，就是考察之旅。所谓的考察，就是访问，这种访问，在今天是有些太滥了。可在当时，却确实是考察外国制度、文化与思想的重要方式。不过，蔡元培之远游欧美，其实仍有深刻的政治背景，他自己曾有过解释：“这时候张作霖、曹锟等，深不以我为然，尤对于北大男女同校一点，引为口实。李君石曾为缓和此种摩擦起见，运动政府，派我往欧美考察教育及学术研究机关状况。适罗君钧任正由政府派往欧美考察司法情形，遂约定同行。”

即便有着开国元勋、学界领袖的诸种身份便利，当权者仍然容不得一个“倡新开化”的蔡元培，安福系固然视蔡为眼中钉，直奉两系军阀仍不能容忍蔡氏。不过，这样也好，这次横跨欧美的考察之旅，倒在很大程度上成就了蔡元培的“国际视野”。1920 年 11 月 24 日，蔡元培乘法国邮船离沪，12 月下旬到达法国；1921 年 1 月，由巴黎到瑞士日内瓦、伯尔尼考察；之后继续到德国、奥地利、匈牙利、意大利、荷兰、英国、美国。

应该说，作为中国当时第一流的教育文化领袖人物，蔡元培在欧美考察时受到了足够的重视。法国里昂大学与美国纽约大学均授予他名誉博士学位，蔡并与当时世界上第一流的学者进行了“面对面的交流”，在法国，则访居里夫人；在德国，造访爱因斯坦与倭伊铿；并且邀请这些大师级的学人到中国讲学。至于所参观访问的各类学校、实验室、博物院、图书馆、市政厅等，更是应有尽有。现代世界科技发展迅速、资料书籍具备，再加因特网之迅捷便利，原可以足不出户，而天下事尽在掌握之中。然则在20世纪前期，这样的“开眼看世界”，毕竟还是有诸多局限，所以留学之成为潮流、考察之十分兴旺，原非“空穴来风”。更何况“转手得来”，与“设身处地”毕竟不同。蔡元培这一趟凭借政府之资为基本助力的“欧美之行”，在其后期的思想发展过程中，决非可有可无。毕竟，这样快速度的“走马观花”，不是任何人都可以做到的；而且以他此时的身份，可以充分调动各界的资源，为他自己的“兴趣所在”而提供方便。

3月12日到达著名的科隆，“先游观各环(Ring)街道。参观大学，平地一层为大厅及办事处。第一层楼为礼堂及教室，教室外廊间陈船之模型及农产品标本，烟草、橡胶等原料及制品皆具。第二层楼为各种研究所”⑥。这里估计参观的当为科隆大学，对其整体的楼层叙述描述很是细致；当然主要景点还是要参观，看大学之后，接着则渡桥，来到莱茵河彼岸，参观天主教教堂，想来就应该是赫赫有名的科隆大教堂了。

3 月 15 日到柏林，在几天内，几乎马不停蹄，先拜访教育部次长贝克(Becker)，了解德国教育状况；后拜望爱因斯坦；再拜访汉奈克(Hanack)，了解威廉皇帝研究院的组织情况；拜访柏林大学校长赛佛尔(Sefle)，关注大学。尽管日程如此繁忙，仍然抽空览胜，一是“由许雷(Hule)教授导观图书馆，言此馆所收藏者，虽尚不及伦敦、巴黎两馆之富有，而建筑之闳大，甲于世界，然因而检运费时”⑦。又参观民族学博物馆，“略观东方部，欲一看所陈列之新疆物品，以未开放而罢”⑧。

3 月 19 日到了莱比锡，这次是和林宰平同行，“观民族学博物馆、美术博物馆。游派尔门园(Plamen Garten)。晚，到奥爱拜赫地底小酒家(Auerbach)小饮，即哥德所叙入《浮士德》剧本者”⑨。这里可谓是故地重游，作为昔日的留学生，此次再到当年求学的大学和酒馆，遥想当初的校友歌德及其名作的背景，一定很有感触。

3 月 20 日到了耶拿，见到张君劢，又拜望奥伊肯。

“观赫格尔(Haeckel)博物馆，所陈列虽不及其他都会自然科学博物馆之宏富，而系统分明，时以模型图画补充之。观赫格尔住宅，其书室中四壁皆悬赫氏手绘之图，闻所作约二千余页。藏书室亦保存原来式样，惟卧室之床已移去。亦有一写字案，写信未封及来信未启者，均照原式列案上。博物馆中有一室，陈赫氏所著书印本及译本。有一华文译本，题曰《普一道论》，盖即一元论之意也，译文不过数篇，用楷书写之，称赫氏为海夫子，而自称茅腾飞。序文中有说基督教义者，显与赫氏主义相违。书用红格纸抄之，套以绿娟，云是光绪庚辰年祝赫氏六十岁生日者。”[10]作为出色的生物学家、达尔文主义者，赫克尔是自然科学中的唯物主义代表，他提出了确定系统发育和个体发育之间的相互关系的生物发生律，也是“社会达尔文主义”的始作俑者。他作为达尔文学说的继承者与发展者[11]，其学说成为20世纪初期极具震撼力的一种思潮，也得到马君武的高度重视。马君武注意到二者之间的联系，称：“赫克尔(Ernst Haeckel)为达尔文后最有名之进化论学者。达尔文发明进化学说，赫克尔为赞助此论最有力之一人”[12]。对赫克尔的一元哲学(Monistische Philosophie)，马更是推崇备至，认为“是书综合近世自然科学之重要结果，以成一种哲学之新系统，其势力之伟大，消流之广远，且过于达尔文之《物种原始》”[13]。确实，原名为《宇宙之谜》的《一元哲学》，“自1899年出版以后，震惊一世。凡有文化之国民，皆次第译之”[14]。此书日后对毛泽东影响甚大，但就蔡元培提供的资料来看，在马君武之前就早已有中译本，这是值得重视的。

蔡元培显然对德国处处充满兴趣，即便是3月22日在魏玛换车，也不肯错过这个机会，“停二时，往观美术博物馆”[15]。魏玛是德国古典时代的文化中心，歌德、席勒在此开辟德国文学的黄金时代，很有象征意义。作为对歌德及其《浮士德》相当熟稔并有感情的蔡元培，专门在转车的空隙去访问美术博物馆，走在小城的道路上，遥思前贤当年，想来心中会别有戚戚焉。

3月22日晚上到达法兰克福，除了见到昔日故人的特罗克雷(Droxler)教授，“特君治数学兼治哲学，著有小册说康德学说，见赠，曾在青岛及上海之同济学校任教员”[16]。又拜访法兰克福大学校长该赖赫(Gelach)，引导参观实验心理研究所等，且在家中邀请午餐。但即便如此繁忙的日程，他也不忘记去“看歌德居室”[17]，歌德自幼在法兰克福长大，想来自然去专门拜访了歌德的故居。

3月24日到慕尼黑，慕尼黑是德国南部重镇，自然不能不去。除了与校长佛兰克(Frank)会晤之外，还由一位罗克斯(Leuchs)教授导引，参观大学的地质学研究所和动物学、人类学陈列所。3月25日，“午后到德意志博物院(Deutsches Museum)，参观第一层楼，自天文学至炼丹术”[18]，第二天又接着去，这回该是有约定的，“晤鲁未弗(Karl Rumpt)及贝蚩(Gustav Betz)两博士，因院长米雷(Miller)适不在明占也。贝蚩导观由一层炼丹术至平地层之矿工机械等，与第二层之船工、藏书室等，均择优讲解”[19]。后又去参观旧新美术馆(Arte und meue Pinakothek)[20]。

这次还去了奥地利和匈牙利。3月29日，经萨尔茨堡到维也纳，“参观简易家具展览会”，晚上还到“埃坡罗剧院观剧”[21]；30 日去参观美术史博物院（Kunsthistorisches Hofmuseum）及美术学校之陈列所，“往沁钵吕能（Schönbrunen）参观皇室离宫，中有一厅，用中国黑地描金屏隔之；四壁均陈列中国瓷器”[22]。还看了工艺博物院等多处，到匈牙利看国立博物院等。这一行极为丰富，此处不一一赘述。

“行万里路”背后的艰辛和喜悦，很多都是必须亲历才能体贴入微的。可为什么是蔡元培而非其他人，能完成这样的自我修养过程。在外邦留学的中华儿女，他们究竟能在多大程度上汲取外来知识资源，并将之转换为自己在建功立业时的文化资本？

像蔡元培这样的人，他在欧洲阅历之丰富，很大程度上来源于其脚踏大地、勤奋行走之功。要做到像徐霞客那样的行走天下并不容易，近代以来，全球化日益成形，地球村成为可能，所以现代人之能日行万里，也与古代人很不一样。蔡元培自从中进士点翰林，就远离了自己的桑梓地，开始了漂泊四方的远游历程；而不惑年之后的远游德邦，更给了他打开自己文化视域的大好机缘。但即便如此，像1920年那样以政府派遣的身份而游历世界的机会，并非时时可得。多数时候，蔡元培仍需要自筹资斧，谋划出行。譬如1923年7月，蔡元培与周峻新婚之后，即携子女威廉、柏龄旅欧，先到比利时，周峻、威廉入布鲁塞尔美术学校；但1924年春，她们就改往法国，周峻入巴黎美专，威廉入里昂美专，柏龄则留在比国劳动大学学工。这样蔡元培就来往于法、比之间，同时参与华法教育会的相关事宜。尽管如此，蔡元培仍利用可能的机会“行万里路”。

作为北大学生的毛子水，与作为北大校长的蔡元培，在学校里其实并没有多少接近的机会。反倒是身在异邦的时候，得有亲近的机缘，蔡校长给学生留下了深刻的印象。毛子水这样追忆道：“一九二四年四月，蔡先生偕周夫人赴德国 Koenigsberg 出席康德二百岁生日纪念会时，路过柏林，停留数天。他们在柏林参观柏林大学和美术学院、音乐学院及游览动物园、植物园，我都曾随同几位同学陪伴。”[23]其实，这也是蔡元培获得行万里路机会的一种策略，即借助官方或其他类型的关系及任务，来更多地“走四方”。1924 年 3 月 6 日，北京大学致蔡元培函，称：“本年四月，德国举行康德二百年生日纪念会，敬请我公代表本校前往与会。兹汇上赴会川资四百元，请督收为荷。”[24]4 月 14 日，蔡氏尚在英国伦敦，为交涉退还英国庚款事而奔忙；15 日更提出“处理退还英庚款的备忘录”。很可能之后就直接由英赴德，先赴柏林[25]，再转哥尼斯堡(今加里宁格勒)。

同样在 1924 年秋季，蔡元培去伦敦，与陈剑翛、黄建中、潘绍棠等人从事退还庚款活动，教育部来电请他赴荷兰、瑞典参加民族学会，蔡元培于是撰文参加，请谢寿康翻译成法文。在会上，正好碰到德国民族学家但采尔，是当年在莱比锡大学的同学。两人当初关系相当不错，蔡元培这样追忆两者订交之初：“在文明史研究中，与但采尔(Theodor Wilhelm Danzel，1886—1954)相识。但氏汉堡人，面微黄，颇心折东方文化，治民族学，其毕业论文之题曰《象形字》，其中中国象形字一节，我代为选译。”[26]很显然，两者的相知相交，有着明确的知识互补和学术合作的愉快经验做基础。所以虽然但采尔比蔡元培要小近二十岁，但二者的关系仍相当融洽。这次老友相见，自然分外亲切，但采尔盛赞汉堡民族博物馆资料丰富，劝蔡前往汉堡进行研究。蔡元培于是决定去其所在的汉堡大学研究民族学。这样就造就了赴德研究的机会，蔡元培于是偕夫人去汉堡大学研究民族学，大约一年余[27]。

“读万卷书”“行万里路”“做万桩事”，可以构成一个有机协调的整体。这在蔡元培身上就可以看得很清楚，正是因为腹有诗书，才使得蔡元培能够别出手眼、风骨独标；而正是勇于走出家门，从绍兴到杭州应考，再到京师仕宦，又勇敢地打破铁饭碗、冲出旧体系，回南方重新开始，才有重新入场、创立新路的可能；也正是这种勇气，使得他进一步勇于寻找机会、漂洋过海，到世界学术中心场域的德国去求取新知，获得他再度大展身手贡献国家的知识与文化资本。当然，对蔡元培来说，很多时候都属于机缘巧合，他当年以清贵翰林之身份，敢于断绝，勇于放弃，这是常人很难做到的。在这个过程中，我想说的是，走向异邦，尤其是远行德国的勇气和执着，是非常关键的，这其中固然有课堂上下的不懈努力，其中也不能忽视行万里路的潇洒出行，“风物长宜放眼量”，不仅是一种心境的培养，而且也是一种实践知识获得的方式。而对蔡元培尤其重要的则是，做事情。蔡元培虽然被认为是把握方向的领袖人物，但他做的事情其实并不少，甚至有些影响到中国历史的整体进程。所谓“游览异邦行长路”，需要我们有大开的视域、阔大的胸襟来体会之。这些在昔日前辈脚下蜿蜒展开，或崎岖或幽深的路径，其实也正影响着我们作为后来者展开的脚步！所以，为人先者，岂可不慎？

注释

①蔡元培：《孑民自述》，朱鸿召编选，南京：江苏人民出版社，1999年，第55页。另参见蔡建国：《蔡元培与近代中国》，上海：上海社会科学院出版社，1997

年，第107页。

②1940年，蔡元培逝世时，作为编辑的宗白华专门组织文章予以纪念。一方面摘出蔡氏为《教育大辞书》撰写的“美育”词条予以刊登，并先后组织李长之撰《中国美育之今昔及其未来》、潘菽撰《美育管见》予以呼应，自己还撰写了编辑按语。参见蔡孑民：《美育》，载《时事新报·学灯》(渝版)，第78期，1940年3月25日；李长之《中国美育之今昔及其未来——为纪念蔡孑民先生逝世作》，载《时事新报·学灯》(渝版)，第79期，1940年4月1日；潘菽《美育管见——纪念蔡孑民先生》，载《时事新报·学灯》(渝版)，第81期，1940年4月15日。

③《我和艺术》，见《宗白华全集》第3卷，合肥：安徽教育出版社，1994年，第614—615页。

④《我和诗》，《宗白华全集》第2卷，合肥：安徽教育出版社，1994年，第153页。

⑤《“兼容并包”的大学理念》，载陈平原：《北大精神及其他》，上海：上海文艺出版社，2000年，第33—

34页。

⑥蔡元培：《孑民自述》，朱鸿召编选，南京：江苏人民出版社，1999年，第75页。

⑦蔡元培：《孑民自述》，朱鸿召编选，南京：江苏人民出版社，1999年，第76页。

⑧蔡元培：《孑民自述》，朱鸿召编选，南京：江苏人民出版社，1999年，第77页。

⑨同⑧。

⑩蔡元培：《孑民自述》，朱鸿召编选，南京：江苏人民出版社，1999年，第78页。

⑪赫克尔(Ernst Haeckel，1834—1919)，今译为海克尔，德国生物学家。达尔文学说的继承者和传播者。曾任耶拿大学比较解剖学和动物学教授，动物研究所所长。他建立了种系发生学，提出了生物发生律，扩大了达尔文的自然选择学说，并创立了"一元论者协会"，反对宗教蒙昧主义。著有《人类发展史》、《自然创造史》、《生命的奇迹》及《一元哲学》等。《一元哲学》，又名《一元哲学通论》、《世界之谜》或《宇宙之

谜》。该书出版后，受到神学家和唯心主义哲学家的猛烈攻击。见曾德珪选编：《马君武文选》，桂林：广西师范大学出版社，2000 年，第 149 页。关于赫克尔生平，请参见 Uschmann, Georg (zusammengestellt und erläutert): Ernst Haeckel Biographie in Briefen (书信体赫克尔传). Leipzig, Jena & Berlin: Urania Verlag, 1983.

⑫《赫克尔之〈一元哲学〉》(1916 年 10 月)，见曾德珪选编：《马君武文选》，桂林：广西师范大学出版社，2000 年，第 149 页。

⑬《〈赫克尔一元哲学〉译序》(1920 年 8 月)，见曾德珪选编：《马君武文选》，桂林：广西师范大学出版社，2000 年，第 56—57 页。

⑭《〈赫克尔一元哲学〉译序》，见曾德珪选编：《马君武文选》，桂林：广西师范大学出版社，2000 年，第 56 页。

⑮蔡元培：《孑民自述》，朱鸿召编选，南京：江苏人民出版社，1999 年，第 79 页。

⑯同⑮。

⑰同⑮。

⑱蔡元培：《孑民自述》，朱鸿召编选，南京：江苏人民出版社，1999 年，第 80 页。

⑲同⑱。

⑳同⑱。

㉑蔡元培：《孑民自述》，朱鸿召编选，南京：江苏人民出版社，1999 年，第 81 页。

㉒同㉑。

㉓毛子水：《对于蔡先生的一些回忆》，载陈平原、郑勇编：《追忆蔡元培》，北京：中国广播电视出版社，1997 年，第 43 页。

㉔高平叔：《蔡元培年谱长编》中册，北京：人民教育出版社，1996 年，第 675 页。

㉕这一判断在蔡元培致罗素函（1924 年 7 月 15 日）中得到印证，说，“四月访英时，您尚在美国”，又说，“离英赴柏林前夕”。载《蔡元培全集》第 11 卷，杭州：浙江教育出版社，1998 年，第 218 页。

㉖《自写年谱》，载高平叔编：《蔡元培全集》第7卷，北京：中华书局，1989年，第303页。德文讹误径改之。

㉗蔡建国：《蔡元培与近代中国》，上海：上海社会科学院出版社，1997年，第118页；周天度：《蔡元培传》，北京：人民出版社，1984年，第252页。

德京襄义举：重返柏林闹革命

虽然日后以教育家名世，但蔡元培的本色，始终是一个革命者。所以，当其身在异国，置身书本之际，本乃是一个读书人的逍遥时代；而一旦辛亥革命之武昌起义枪响，即便身在异邦，蔡元培"听将令"的感觉仍蓦然而起。从相对偏僻的莱比锡赶到德国首都柏林，乃是因为此处聚集了其时流散异邦的中国精英分子，他们要在这历史大转折的关键点上发出自己的声音，贡献自己的力量。

留学生始终是一个国家的最新鲜的知识力量，在那个时代就更是如此。蔡元培对辛亥革命的参与，说来颇有戏剧性。他当时还在德国的一所私立中学参观考察，这可见出他对教育的重视和兴趣，刚住了一个星期，“忽见德国报纸上，载有武汉起义的消息，有一德国朋友问我：这一次的革命，是否可以成功？我答以必可成功，因为革命党预备已很久了”[①]。

还原具体的历史语境，是怎样的情况呢？1911 年时，蔡元培曾记载：“Danzel 邀同译我国古文。”[②]10 月，但采尔前来拜访，当天蔡元培即给耶格尔写信[③]。应该就是“我又因但氏而识其妹婿野该尔氏（George Jäger），野氏亦汉堡人，任中学教员，好文学”[④]。三天之后，收到耶格尔回信，随即回信，“告明日去”[⑤]。两天后，即“偕 Jäger 游山”[⑥]。这段经验，应该就是蔡元培记叙的他与耶格尔之间的直接交往：

辛亥九月间，野氏在维坎斯多弗（Wickersdorf）之一新式中学任教员，邀我往游。此校重在启发学生，使能自动的研求。于训育特别注重。午、晚餐师生共聚一堂，由一人读世界名人格言一则，以代宗教中之祈祷；每星期至少演奏音乐一次；学生得在校中约所喜之男女同学开茶话会。我住此校方一星期，正阳历十月十日左右，忽见德国报纸载武昌起义消息；野氏亦留心中国时事者，询我："中国革命军，有成功希望否？"我说："可成，因运动已很久了。"[7]

也就是说，1911 年 10 月的时候，蔡元培大概是在德国的乡间游览和考察教育的。耶格尔是中学教师，他们之间的友谊无疑是蔡元培能够成行的基础，这无疑既让蔡元培获得了更多地接近德国基础教育的机会，但此时的蔡元培，恐怕心思更多是"身在曹营心在汉"，记挂的都是国内的政治革命问题。之所以这样说，是因为当时蔡元培与耶格尔的交往引发了更重要的文化活动，"Jäger 属购《李太白全集》，拟共译之"[8]。而同日的日记则记："阅报，知革命军已克汉口，长沙革命军亦起，安徽、广东闻亦起义。"[9]显然，在蔡元培那里，政治与文化基本同步，既有强烈的文化意趣，譬如试图合作德译李白诗歌，同时又不可能忘怀故土的革命政治活动。

10 月 18 日，收到吴稚晖从伦敦（10 月 16 日发）发来的长函，蔡元培于是对武昌起义的情况有了相当详细的了解："此次之事，宜四面八方，大家着力，扶此危舟，出于险滩。虽明知海外道远，不能有直接之着力，然间接亦甚有效。以此次湖北之猝起，皆十年空论之功，可见空论亦非徒然。此间已开了两会，打了两电……明天有人拟发英文布告，到公园演说，也即大家同去。德界将如何举动？请先生主张，并请日日互相通告联络。先生亦无妨辍案旬日，向柏林一行，切告学界诸公：如满虏尚有见天日之一日，有力诘问学生，则推在我们身上，曰吴匪、蔡匪等之托名可矣。”[10]显然，吴稚晖是有着非常自觉的革命意识的，而且认识到海外之力并非完全无用，所以不但积极运动自身所在的英伦力量，而且也发动蔡元培活动德国的留学生界，并希望能互通声气，做好海外工作。蔡元培当即复函，称：“弟于一周前往山中之中学堂考察……于报纸中见吾党克复武昌之消息，为之喜而不寐。”[11]然后略谈了他读德国报纸对中国国内情况的介绍及自己的判断，然后说：“晚间到来比锡，得读惠书，藉稔先生及伦敦学界之运动，深愧数日来之寂处无为也。柏林学界有无举动，弟竟一无所知，从先生之劝，即于凌晨四点钟启行。弟此时所预计者，传布德文报告及募款以备合发长电之二事。至柏林同学有无他种善策，俟协商后随时报告。”[12]显然蔡元培在德国的革命行为，受到吴稚晖的信函影响很大，正是在吴稚晖的直接建议之下，蔡元培才放弃自己的逍遥之旅，前往柏林，卷入了辛亥革命时代的海外呼应的场域潮流之中。

柏林是德国的首都，也是欧洲的一个中心城市，虽然其作为政治史和文化史中心的历史远不如巴黎和伦敦，甚至也不如维也纳，但其对中国留学生的意义也仍然是明显的。它也当之无愧是当时在德中国人的一个中心场域。当此关键时刻，留德学生自然也就汇聚到柏林，观望和互通消息，并等待着如何参与这一伟大的历史事件。

蔡元培毅然选择赶赴柏林，而且说到做到，1911 年 10 月 19 日即到达柏林。“每日总往同学会，与诸同学购报传观，或集资发电，大家都很热烈的希望各省响应就是了。”由此可见，当时的情形确实很是热闹，而柏林自然就是一个留学生的聚热点。关于当时的留德学生界的情况，蔡元培果然是信人，守约甚笃，及时用信函的方式通报给远在英伦的吴稚晖，“到柏林，晤同学俞大纯、李倜君、顾梦渔诸君，询以有何举动，则其略如左：初得武昌捷报，开会演说。发二电，一致上海《民立报》，一致香港《中国日报》……表赞成新政府之公见，署留德同人”[13]。李倜君主张“研究何以能使我新政府容易为外国所承认”，顾梦渔主张“在欧洲发行一报”，俞大纯主张“急发电报”，蔡元培自己的判断则是“弟以为李、顾二君之所主持，皆于目前鄂事非直接有效。直接有效者，惟俞君之策……弟以公函中所谓集款百十镑发长电云云告俞、李诸君，俞君谓款至易集，惟长电以何道而能达，且能流布，此诚紧要关头。未知尊处已筹有妥当之交通机关否？又所谓长电者，内容如何？已有定见否？请示。”[14]

可以看出，蔡元培还是很快地进入了角色，成为留德学生中辛亥革命的积极参与者，并且始终与吴稚晖保持了相当密切的联系。到了10月24日，在接到对方复信后又发函吴稚晖："又连奉两书，及致俞慎翁书……谨悉一切。此间于星期六拟发一电于上海报馆，大意谓外国均赞同吾党，决不干涉，望竭力鼓吹，使各地响应云。同人之意，用汉文及英文皆将为上海电局所捺，乃用德文，不意德国电局既收而又打回，谓语涉妨碍治安，现则改用骈文式，冀电报生不甚了解，或不致搁置也。因发电时，已得汉口各国领事以汉文公告不干涉之消息，又知满酋愿与吾党分南北而治，故电中删去不干涉等字，而言不可允北朝之请。又加入孙文举袁世凯为总统事，于昨夜始发也。孙之推袁，确否固不可知，然此等消息，除离间满、袁外，于半新半旧之人心极有影响。外交亦然，如德国政界推服袁甚至，故俞慎翁特奉一电，请公以英文电示此讯，并勿参疑词，以便传示德报馆，易于取信。……柏林留学界以会馆为中心点，一切函电，均可由此转达：Club China，Bismarckstrasse 106，Charlottenburg，Berlin。"[15]从这里可以看出，即便是属于纸上谈兵，身在海外的留德学生也并不容易。一封通电发往国内，居然也是困难重重，用汉文，用英文都有顾虑；即便是用了德文，以为常人不识，可以蒙混过关，可德国人居然也郑重其事地拦截，以此表明“不干涉内政”的立场？最后居然还是用骈文瞒天过海，看来中国传统的文体样式，也有其不可磨灭的功用。由此看来，也需要思考日后的文学革命来得是否过于迅速和决绝？至少有将“孩子与脏水”一起抛掉的危险。

除却这类筹款、通电、通信事务，旅德华人并非自身无事，这其中自然不乏有趣的故事。蔡元培印象最深的显然是刘庆恩(1869—1929)。在同学会里，本来在案上花瓶里插了两面小龙旗，自然是大清国旗的标志。有一天刘庆恩豪情大发，将龙旗拔去，而且扯破，另外准备了两面五色旗来代替。这显然是希望用共和来代替君主制了。还有一件事，有一天有一位清廷驻德使馆的秘书来，带笑说道：“袁宫保出来了，革命军势孤了！”[16]这种将袁世凯作为清廷乃至自己救世主的模样，自然让留学生心里很不舒服。刘庆恩当时就痛骂：“放屁！”而且还上演了全武行，上前打了这位秘书一个耳光，虽然有别人赶快劝开，那个秘书也灰溜溜地离开，但这种火药味甚浓的派系之争已然是豁然可见。

刘庆恩何许人也？他是广东水陆师学堂毕业的，曾经留日，在虎门等炮台任过职，后由汉阳炮厂派往柏林学习。曾与蔡元培联名致函孙中山，建议采购克虏伯厂的新式攻城炮，供革命军北伐使用[17]。这一点，在蔡元培致吴稚晖的信中也讲得很清楚："昨得复电，知中山住址，为感。此次与中山通信，为筹款购炮事也。四川刘君庆恩，在广东水陆师学堂卒业(约十五年前)，历在益珠、虎门、江阴等炮台任事，与于中日及台湾之战。十年前往日本研究军学，尤注意枪炮凡九年，乃由汉阳炮厂派来柏林，调查制炮、用炮之术，亦两年矣。其为人颇粗豪，好面斥人过，忤之则饱以老拳。弟前函所告在学会中改旗及对梁诚而直认不讳者，即此人也。于其时亦尝拳殴一使馆之参赞。然其人实颇机警，在此竭力用功，觅得克虏伯厂所调查中国现有炮位及其实力表，用汉文译之。彼因知鄂军所有者为过山炮，而荫昌所率之虏军所有皆野战炮。信阳以南，山战我优；一落平原，则虏之军械却占优势。至直抵北京，则彼虏所谓禁卫军者，十之七八皆满人，皆经训练，又有新式之管退快炮七十八尊，其射程可达七千三百米达。若我无内应，则彼必死守。我军若不增新式攻城炮，则止能运汉阳厂之座架炮，及江阴炮台之旧式炮以攻城。此等炮本皆供守御之用，必特设炮台。若建台之始为虏军炮弹所及，则台不可成而炮皆无用。故刘君之意，不可不于克虏伯厂购新式攻城炮，其一切装置与北京所有无异，而射程远至九千米达者。此等炮可以隔墙取准，不必攻破城墙也。我军不久可全占长江流域，军械由海口运入，当无阻碍。惟购炮之费，每尊约五万马克，八尊则四十万，约合美国金圆十万。此间决无力筹出，乃商之于中山。今日已发一函，嘱其电复。如中山既允，则运输之事，炮厂任之；选购、验收及军中运用之事，刘君及周君橱廉(亦在此间研究炮术者)能任之。至炮价则由中山与炮厂之银行直接交涉，此间毫不干与。此等办法，似皆甚妥。中山处筹出十万美金当亦不难，惟此事当守秘密。刘君虽亦曾屡在学会提议及此，而此时既入实行界内，不能不秘之，以免为使馆所知，或向炮厂阻止，及运送时或生他种阻力，故函中止用刘君及第二人之名。此二名者，中山未必记忆，或未足取信，如公赞成此举，请设法助力。一切请尊酌可也！”[18]很显然，蔡元培除了力所能及的工作之外，也还不忘当年书生投笔参加暗杀团的本色，希望在军事上能对国内的革命斗争有所助益，借助曾为军事指挥官的刘庆恩的力量，试图借用德国克虏伯大炮的先进技术力量，是他的一个尝试。成功与否且不论，但至少蔡元培的这种敏锐的实用意识却是值得注意到的，他绝非是一个好好先生式的“书呆子”型人物。值得记述的是，刘庆恩日后受临时大总统孙中山的任命，出任汉阳兵工厂第一任总办。

如此，蔡元培在柏林住了大概一个月左右，得到陈英士(1878—1916)的电报后，蔡元培毅然有归国之行。1911年11月5日，蔡元培“决计回国一次，受同人之劝也”[19]；其中更重要的原因，或许乃是“接陈英士先生电报，催我归国”[20]。这里有来自国内的迫切呼唤，其归国的动因又不同。而同样记述来自国内的消息，则已经对发生的革命明确表明立场：“我军得上海及吴淞炮台，宣布共和政体。”[21]

所以，蔡元培会迫不及待地选择归国，1911 年 11 月 13 日，“由柏林行，晚十一时开车”，于是长途跋涉，历经半月之久，于 11 月 28 日“午十二时抵上海。寓天津路开泰栈”[22]。而这在那批留德学人中并非首创之举，此前即在 10 月 19 日，“马君武归国，送之于车站（Zoo）”[23]想来就是柏林著名的动物园火车站。马君武曾有诗云：“故乡吾负汝，岁岁远别离。万里生还日，六洲别战时。疾声唤狮梦，含泪拜龙旗。吾岁今方壮，服劳或有期。”[24]上月送故友，本月自家归，蔡元培在火车之上，恐怕是激情满腔，浮想联翩，中国究竟会变成怎样？

从吴稚晖来函而赴柏林，从陈英士来电而归中国，蔡元培的第一次留德生涯终于画上了句号；但就真正的留学事业来说，蔡元培的求知冲动并不会因此而终止，这从他在民国肇创的第二年即再度留德，旋即旅法就可以看出；更有意趣的是，他曾在 1920 年长时间地游走欧、美，并于 1924—1925 年间三度留德，在汉堡大学继续做民族学的研究。所以，综合起来看，蔡元培的留德生涯有着非常有趣的持续性特征，这在当年的留学生中也是很有特点的；相比较陈寅恪的留学多国，蔡元培对德国的持续性居留，同样是值得深入考察的。对那代人来说，真可谓是机缘巧合，既能领天下风气之先，而睁眼看世界，走向世界，去求取真知；同时身当国家兴亡、启蒙复兴、建立共和国的大业。虽然成绩未必尽如人意，但历史毕竟不可转盘，最重要的是，蔡元培那代人始终保持了传统孕育的那种基本人格修养、道统意识，同时始终能走在时代前列，锐意求知、勇于求真，倡导伦理、身体力行，而这一切也都与蔡元培留德时代的知识养成和接纳新知密不可分。至于说到他出任北大校长、大学院院长的诸多功绩，则必须还要还原他日后留居法国的历史细节。

注释

①蔡元培：《孑民自述》，朱鸿召编选，南京：江苏人民出版社，1999 年，第 58 页。

②1911 年 5 月 1 日日记，载《蔡元培全集》第 15 卷，杭

州：浙江教育出版社，1998年，第427页。

③1911年10月7日日记，载《蔡元培全集》第15卷，杭州：浙江教育出版社，1998年，第436页。

④《自写年谱》，载高平叔编：《蔡元培全集》第7卷，北京：中华书局，1989年，第303页。

⑤同③。

⑥同③。

⑦同④。

⑧同③。

⑨同③。

⑩吴稚晖手札，转引自高平叔：《蔡元培年谱长编》上册，北京：人民教育出版社，1996年，第386页。

⑪高平叔：《蔡元培年谱长编》上册，北京：人民教育出版社，1996年，第386页。

⑫高平叔：《蔡元培年谱长编》上册，北京：人民教育出版社，1996年，第386—387页。

⑬高平叔：《蔡元培年谱长编》上册，北京：人民教育出版社，1996年，第388页。

⑭同⑬。

⑮高平叔：《蔡元培年谱长编》上册，北京：人民教育出版社，1996 年，第 388—389 页。

⑯同①。

⑰载《蔡元培全集》第 15 卷，杭州：浙江教育出版社，1998 年，第 443 页注释 61。

⑱高平叔：《蔡元培年谱长编》上册，北京：人民教育出版社，1996 年，第 389—390 页。

⑲1911 年 11 月 5 日日记，载《蔡元培全集》第 15 卷，杭州：浙江教育出版社，1998 年，第 438 页。

⑳高平叔：《蔡元培年谱长编》上册，北京：人民教育出版社，1996 年，第 390 页。

㉑同⑲。

㉒同⑲。

㉓1911 年 10 月 19 日日记，载《蔡元培全集》第 15 卷，杭州：浙江教育出版社，1998 年，第 437 页。

㉔转引自李喜所：《近代中国的留学生》，北京：人民出版社，1987 年，第 115 页。

下篇：留法时代：从巴黎到图卢兹(1913—1916)

再度放洋：举家留学习法语

蔡元培为什么选择去法国呢？为什么是在年过不惑、将近知命之年再度去国远行呢？难道是要再镀一层“金”吗？他会说法语吗？即便到了法国，他已经是45岁的中年人，能够再入大学吗？他当过中华民国政府的教育总长，能放下这个架子吗？他究竟凭借什么样的资本和条件，才能够在异国异乡的法兰西，将自己一家很好地安顿下来呢？

1913年，在二次革命失败之后，蔡元培再次选择了去国行，不过与上一次的留学德国相比，这次的留法经历，更多的不能称之为严格意义上的留学，而是一种留居的概念。说起来，蔡元培的留法，颇有偶然的因素在，“本欲仍往德国，适吴君稚晖将往法国，约我同往，我于是携了眷属，乘日本邮船三等舱行”[①]。而要强调的是，吴稚晖之所以去法，而且敢邀请蔡元培全家前往，那是因为有李石曾在法国的长期经营的基础在。

1913 年 9 月 5 日，蔡氏一家，包括夫人周峻，子无忌、柏龄，女威廉，乘轮船“北野丸”离沪。经过一个多月的漂洋过海，于 10 月 14 日抵达法国马赛。那个时代的出国，可真的是不容易，人必须长途跋涉、利用各种交通工具、经历长时间考验，这样才可能到达自己的目的地。不像现如今，飞机轰鸣声中，一觉之后，也就八九个小时，就可以从亚欧大陆的这端飞到那端去了，科技进步真的让人插翅能飞啊！不过那个时代有那个时代的乐趣，人在舟中，四顾大海，其中运思感触，乃至与大自然的亲密接触，都绝非封闭在飞机舱内，一觉到头可以比拟的。

10 月 14 日到了马赛以后，“午后，参观驰马场的建筑。晚间 8 时 25 分，乘车行”[②]。第二天到达巴黎，接着坐马车。午后 1 点，到达科隆布，落脚点就是由李石曾创办的豆腐公司。科隆布，位于巴黎西北郊的工业区，乃是较为边远的地方。蔡元培一家人长途跋涉，辗转多方，终于到达了目的地，其快乐可想而知。早在马赛，吴稚晖就和他们分道扬镳，去了英国。所以在科隆布，蔡元培一家人还是比较孤独的。

为什么选择科隆布呢？因为这是李石曾的根据地，他早年留法甚久，对此地相当熟悉。按照蔡元培的说法："豆腐公司为李君石曾所创立。李君提倡素食，以豆类食品与乳类有同等滋养，故募集资本，设公司于科隆布，用小机器制豆乳及豆腐等出售。然法国人吃不惯，销路不好。欧战期间，以豆腐干及豆制饼干充军队干粮，以绿豆芽充生菜，销售较多。然终不能持久。"[③]最后以停办告终。豆腐是中国人的"专利"，有些"土特产"的味道。此前西方研究者虽也有，但并未进入实践产品层面。于是，当法国人喜欢喝的牛奶成为"紧缺产品"，身居法国的李石曾认为豆腐正可弥补这一不足。1908年，他首次返国，回到老家河北省高阳县，给布里村及附近村庄的农民办豆腐训练班，让他们学习做豆腐、豆浆、豆腐丝、豆腐干等技术；并组织第一批豆腐工人(第一批法国华工)赴法；1909年，李进而在巴黎成立了豆腐公司[④]。中国豆腐引入法国后，销路不错，豆腐工厂则开始生产开发各种豆制品。作为留法学人的李石曾不愧知识人本色，他在工作之余，居然想到组织他们学习，学法语、学科学，还学中文。所谓“既作了豆腐，又学了文化”，于是就导致许多人“感到通过作工来法国求学是个切实可行的好办法”，并被誉之为“尚俭乐学”、“以苦求学”的风气[⑤]。

李石曾的基本定位还是“文人”，其好处在于“化用”，作为专业人士，更有其特别的知识背景，所以即便是豆腐这种最普通的中国食品，他也能阐释衍生出自家的文化理念：“大豆，西文为 Soya 或 Soja 便是‘(尗)’便是大豆，中国书中有‘大豆(尗)也’一句。我在法国研究大豆与豆乳豆腐，发现其中含有大部分的乳质(Caseine)，西方以牛乳中的乳质合以其他化学品作成‘乳石’(Galalithe)，可以乳石作成种种用品如人造象牙之类，我则以大豆中的乳质合以化学品作成类似‘乳石’

者名曰 Sojalithe 即‘(木)石’或‘豆石’的意思。苏东坡咏豆腐诗的‘铛中软玉香’已认豆腐有‘似玉’之感。至于制造豆腐始自淮南子，更是中国古代的化学工业。”⑥如此考证下来，则豆腐输入法国之意，并不仅仅是在多了一种可以替代牛奶的食物而已。实际上，李石曾在其一生中对此也颇是引为得意，他说过这么一段话：“中国以大豆作豆腐相传是淮南子，西方学者有许多细微的研究，我不敢掠美；但是与乳同提并论，在国际场中，国父且曾言及，见前所云，尤其是作系统的整个的探求，著中西文两书，我或者是第一人，故 Chen 先生著作称誉我为东方大豆倡导人 Saybean Champion。”⑦这里说得很清楚，对于大豆的学术史李石曾是了解的，也是有所交代之后才提出自己的发现所在。以豆腐作为自家生物学专业的独创理念，李石曾的这份发现确实有其可圈可点之处。在这里，我们可以看到风云际会的李石曾，非常善于选择自己进入的角度，即结合了三方面的内容：生物学是他留法所学专业特长、豆腐本身是中国的特产，而将其转变为经营的理念则无疑受到挚友张静江办公司的潜移默化影响。就功用而言，则体现在两方面，无论是以贸易经营为手段而为将来从事或革命，或启蒙的事业奠定基础，还是使工人得到“亦工亦学”的机会[8]，此种思路无疑都体现出自家的“文化浪漫”情结。李石曾参与创办《新世纪》与启动豆腐公司几乎同时起步，此中的关联也让人回味。所以，豆腐公司的意义虽继承张静江的贸易经营思路，却又“青出于蓝而胜于蓝”，连带出“华工赴法”与“勤工俭学”的大手笔，都具有更加明确和深刻的文化史内涵。虽然就公司本身运作而言，并不能算是成功[9]，但它的稳健运行与华工实践，却为日后的大事业提供了最初的经验。而如果没有蒙城农校的学农经历、没有巴斯德学院治学时潜心于大豆研究，借助生物化学的专业知识而“特别以科学方法研究大豆之功用”[10]、发现大豆之意义，也不可能有巴黎豆腐公司之发起与创办。难怪孙中山对此评价颇高，谓：“吾友李石曾留学法国……以研究农学而注意大豆，以兴开‘万国乳会’而主张豆食代肉食，远行化学诸家之理，近应素食卫生之需，此巴黎豆腐公司之所由起也。”[11]所以，可以认为，正是李石曾，使得科隆布这个地方，对于中国文化史来说意义重大，因为像这批精英人物少有不与这个小镇科隆布结缘的，往往是作为一个中转过渡的地方。按照蔡元培的说法，“我等在科隆布住了几个月，后来因在巴黎左近寻得一家可以分租而包饭的房子。那时候，大的孩子无忌往嫩夷进一个法国学堂去了，我偕黄夫人携一个九岁的女孩子威廉、七岁的男孩子柏龄住在那里”[12]。由此我们可以看到，蔡元培举家留法颇为不易，人数既多，需求有异，在巴黎找到合适的房子并不容易，所以先在科隆布过渡一下，日后寻得合适的城中住房，再度搬迁。

蔡元培与李石曾的交谊，对蔡元培来说相当重要，设若没有具体的人与物的支持，一个人到了举目无亲、四处皆茫茫的异国，维持基本的生活都很困难，更何况说要安定下来认真求知？

蔡元培虽然有留德的经验，但到了法国，也还是很陌生。毕竟，首先就是语言不通，德语、法语分别属于欧洲的南北语言，有着本质的区别。蔡元培的德语不错，但口语水平可能有限；而法语虽然常在学习之中，但估计始终不脱初级水平。1902 年，沪上张园，其时已摆脱了翰林清贵的蔡元培，与既有“高阳公子”身份、兼备“留法新人”资格的李石曾初识[13]。说来，蔡、李二人可以攀扯上“世交”的关系，盖因高阳相国李鸿藻(李石曾之父)乃是蔡元培赴京殿试之时的主考官之一。尽管如此，二者之折节订交，仍要等到五年之后。时已留法五载的李石曾，作柏林之游，与初到德邦的蔡元培聚谈数日，方才确定下这两位现代中国文化巨人终生“剪不断，理还乱”的公交私谊。1907 年的柏林，正是秋高气爽，蔡元培虽然厌烦了不能专心求学的生活[14]，但对李石曾的到来，很可能还是颇有兴趣招待的。这不仅是因了彼此间曾有过的交谊，更因为这位年轻的世交朋友，给他带来很多新鲜的思想资源[15]。一般而言，均将蔡元培作为德国文化介入现代中国的代表人物，确实，蔡氏对德国文化的认知可谓现代中国之翘楚人物；但蔡氏胸襟博大、兼容能收，故格局开阔，又决非德国文化一家所能局隅，他对法国文化的热烈向往与密切接触[16]，就是最好的证明。而其中的重要通道，则正是通过留法学人的著译。

而蔡元培 1913—1916 年的居法时代，其实不妨看作是李石曾早期组织的“俭学会”活动的一个部分。事实上，蔡元培自述亦称：“于习法语外，编书，且助李石曾、汪精卫诸君办理留法俭学会，组织华法教育会。”[17]不过这次蔡元培赴法，李石曾却并不在，他直到 1913 年 12 月 11 日，才携眷属由上海抵法，一同住在科隆布[18]。但这却并不影响蔡元培一家在科隆布的居留和初到法国的适应，由此亦可见李石曾在此打下了多么雄厚的物质和人脉基础。蔡元培一到豆腐公司，就“晤马君武及邢、陈、华诸君”[19]。可以说一下子就和老朋友及当地的主人联系上了。

到了一个陌生的国度，其实最不能逃过的就是如何安排自己的衣食住行。这些东西，貌似最不起眼的吃喝拉撒睡，可离开它却寸步难行；而邻居的成分，自然也是五湖四海，四面八方。蔡元培记述自己的左邻右舍，也是饶有趣味。

如果是一个人可能一切都还好办，填饱一个人的肚皮一家不饿。可对蔡元培来说，则不但是夫妻双双把国出，而且还是带了三个孩子。所以一方面接待来访，诸如留法俭学生夏雷、张星等，还有由工商部派到法国调查度量衡检定器的陈别公(子修)，学人如宁协万、戴修骏等；一方面致函友朋，如吴稚晖等；也不忘与谭熙鸿、华林、陈子宽等一起去游卢浮宫、看巴黎大学。[20]

最重要的事情当然还是处理日常生活事宜，虽然有夫人随行好得多，但诸如买衣服、袜子、帽子、被子等，都必须亲身躬行，所以刚到第一天就“为阿煦购衣袜四八方，帽七方”[21]，17 日又“购被三条，三七零方。购邮票五方”[22]。18 日“午，邢君约往中华饭店午餐，午后偕往购衣履等物”[23]。

还有一件要务，则是给孩子找学校。10 月 27 日，“访邢君，偕谭君访一小学校，其名及地址如左(下)：Institution Jeanne d’Are，11，Boulevard Valury-Colombes。

为女学生而设。其校长能为德语”[24]。显然这是为了给孩子联系学校，而且蔡元培很可能和校长用德语聊了聊。效果应当不错，到了11月4日，就有“威廉、柏龄始进学校”的记载[25]。在法国时代，蔡元培的德语还是颇能派上用场的，此前的10月21日，夏雷、张星、华君请他到“寓中午餐，其女房东Wust能德语”[26]，显然也是稍微聊了聊的。11月10日，“在德国书铺Eilel’s定Literatur Centralblatt三个月，付Fr. 十二”[27]，显然是订了一份德国期刊。

当然，在科隆布期间的事情绝不尽止于这些琐碎的家长里短和家务诸事，因为身在国外，就难免要进入到当地的人际网络中去，至少是居住地的“五色杂居”。譬如，蔡元培曾记录下最初住在科隆布时的国际交往趣事：

那时候同住的还有一位瑞士人，一位英国人。忽然奥塞的交涉决裂了，瑞士人于午餐时说：“不得了，已经宣战了！我立刻要回国，加入队伍。”英国人说：“和平长久了，有了战争，可以把污浊的渣滓扫荡一回。”我们的房东是个法兰西银行送现款的工役，平日间穿了制服，戴了制帽，拿了皮夹，怀了手枪，很得意的样子。此次被征入伍，女房东哭得很伤心。房东去了两三日，来一信，说是疲乏得很，军队中所发的皮靴太宽大了，走路很费劲。[28]

显然这里描述的空间就是一个国际性场合，有地主法国人，也有中立国瑞士人，还有岛国英国人，当然不排除远方的中国人，谈论的却是奥匈帝国和塞尔维亚的战火。这当然是关系到各国利益的国际事件了，但各人的表态和言论则反映出各自国度的某种民族性来，也可窥见大战到来前的民众状况于一斑。

学习法语。到了一个新的地方，通其语言文字是必需的。对于蔡元培来说，当然更具备这种自觉意识，所以他回忆说："我们在这个时间，学法语，常常是欧思东君教的。欧君是比国人，长于音乐，欲改五线谱为三线谱，常素食，反对宗教，主张恋爱自由，与李君交契多年。彼教我等法文，不用读本及文法，选一本文学书，选出几节，我们抄出来，有不解的辞句记出来，请其解释，有时候讲讲文学史，所以我们的法语学得不切实。”[29]这或许是蔡元培法语学习的问题所在，但欧思东这种教学方法则也自有他的好处，就是可能更自由随意，但也可能超出一般的循序渐进阶段，更容易亲近文学本身；而且文学语言其实是最好的语言，由此入手，往往事半功倍。但如果我们细细考察蔡家的学习法语过程，也很有趣。1913 年 11 月 4 日，当威廉、柏龄开始进入法国学校读书的时候，蔡元培记载道：“我与仲玉、无忌初读法文书。法文教习姓名：F. H. Mouilleseaux，36 Rue Francois-1er，Colombes。”[30]显然他们的第一位法文教师并非欧思东，而是专门请的私人教师。他们一家对法语学习还是很当回事的，譬如 12 月 29 日的日记还记载：“仲玉致方君英女士片，并还《法语进阶》。”[31]显然蔡夫人也是在认真学习法语的，而且还借阅相关书籍。

但总体来说，蔡元培留法时代的法语学习并不顺利，1914 年时，他写信给吴稚晖就曾坦言：“法语之进步，竟非常缓慢，诚无可如何也。前从石曾先生处见先生所草法文详解举例一节，如此解释，真无不可说明之例。惟鄙意此等详解，宜先用之于文法书，盖年长之人，喜有统系，而以旁见侧出为苦，先使读详解之文法书，而后进以先生所举之读本、及石曾先生所拟编之科学小册，则期期是道矣。”[32]这里更进一步地说明作为成人学习外语的困难，以及其相关学习特点。但总体来说，对蔡元培这样一个已经46岁的成年人来说，重新学习一门外语的难度确实可想而知。

蔡元培曾经撰文《假如我的年纪回到二十岁》感慨自家的专业与外语学习的不成气候：“我到三十余岁，始留意欧洲文化，始习德语，到四十岁，始专治美学。五十余岁始兼治民族学，习一点法语。”这段描述明确表明，蔡氏的学科意识以美学、民族学为范围，外国语言和文化修养主要为德、法。接下来就是三点自省：“但我总觉得我所习的外国语太少太淡，不能畅读各国的文学原著；自然科学的根底太浅，于所治美学及民族学亦易生阻力；对于音乐及绘画等，亦无暇练习，不能以美术上的实验来助理论上的评判。”[33]蔡元培的德语水平固然并不很高明，他的法语其实更弱，按照陈源的回忆："有一次伦敦大学政治学教授社会心理学者怀拉斯请蔡先生到他家去茶叙，座中有他的夫人和女儿。陪蔡先生去的是志摩与我两人。起先我们任翻译。忽然志摩说蔡先生在法国住好久，能说法语。怀夫人与小姐大高兴，即刻开始与先生作法语谈话。一句句法文箭也似的向先生射去，蔡先生不知怎样回答。"[34]大体说来，蔡元培的法语学习，只在求实用，主要是读书，要他做到如李石曾那样娴熟法语、在法国场域里如鱼得水那是不可能的。他对外语的实用态度从下面这段表述也可看出，蔡氏说自己如果能够重活一遍的话："所以我若能回到二十岁，我一定要多学几种外国语，自英语、意大利语而外，希腊文与梵文，也要学的；要补习自然科学；然后专治我所心爱的美学及世界美术史。这些话似乎偏于求学而略于修养，但我个人的自省，觉得真心求学的时候，已经把修养包括进去。"[35]事实上，蔡元培自德、法语之外，尚通日语，也学习过拉丁语。但此处所列，则显示了其由语言文字而深研世界文明的宏大愿望与高远见地，英语彼时已渐成世界通用语言，且英、美等国都乃大国文化，不通英语，确实有问题；意语的功用则在艺术文化方面，作为文艺复兴的奠基大国，意大利虽日后无法列入现代欧洲三强，但其文明底蕴与成就却并不稍逊；而希腊语、梵语意味着西方文明、印度文明的古典渊源，其重要意义不言而喻；但未提阿拉伯语、波斯语等，显得关注的全面性仍未免略有所欠。但总体而言，蔡元培对西方文明的认知，以欧洲文化为重心。所以德语之外，法语对于蔡元培也是非常重要的，但其实际运用水平当属有限。

注释

①《自写年谱》，见高平叔：《蔡元培年谱长编》上册，北京：人民教育出版社，1996 年，第 532 页。

②《日记》，见高平叔：《蔡元培年谱长编》上册，北京：人民教育出版社，1996 年，第 532 页。

③《日记》，见高平叔：《蔡元培年谱长编》上册，北京：人民教育出版社，1996 年，第 533 页。

④关于豆腐公司的创立经过，1908年李石曾发起创办巴黎豆腐公司，而回国招股；他先后到香港、上海、天津、河北等地，后偕齐如山率同第一批工人五人赴法，在巴黎附近西北郊区哥伦布(Colombes)地方购置仪器、建立工厂，名为“豆腐工厂”(Usine Caséo-Sojaine)。以大豆制造各种食品及用品，聘齐如山为经理主持事宜，并开张营业。到1910年时，齐如山率第三批工人抵法，工人达30余人。此时工人开始以工兼学，可视为“勤工俭学”之初步实验。参见杨恺龄：《民国李石曾先生煜瀛年谱》，台北：台湾“商务印书馆”，1980年，第21—23页。亦见王志梅：《留法勤工俭学在河北》，载《河北师范大学学报》(教育科学版)，第1卷第3期，1999年，第108页。1916年，豆腐公司因受欧战影响而停工。见李书华：《碣庐集》，台北：传记文学出版社，1967年，第4页。

⑤李喜所：《近代中国的留学生》，北京：人民出版社，1987年，第252页。

⑥接下去还有一段论述：“中国古代工业，载在子书中

者甚多，有指南针、火药、印刷、造纸，而造纸对于世界的贡献最大。可见中国文化并不限于伦理道德，古代早就有科学发明，可是我们自己抛弃了科学的发明而以精神文明自称。其实精神物质，犹如脑之与身体，只是勉强的分类，不能分开；实在无所谓精神文明与物质文明严格的分别。各国所谓'汉学'或'中国学'(Sinologie)侧重文史考古艺术等类；这是狭义的国学。至于完全的中国学术，并非不包含科学或应用科学或科学的哲学在内。"《中国国际学术问题》(1953)，载《李石曾先生文集》下册，台北：中国国民党党史委员会，1980 年，第 272—273 页。

⑦《谈发见》，载《李石曾先生文集》下册，台北：中国国民党党史委员会，1980 年，第 156 页。这两本书即李煜瀛：《大豆》，巴黎：巴黎远东生物学研究会，1910 年。Li Yuying & L. Grandvoinnet：Le Soja - sa culture，ses usages alimentaires，thérapeutiques，agricoles et industriels. Paris：A. Chollamel，1912.（Par la Soc. Biologique d'Extrême-Orient）亦参见 http：//www. antiqbook. fr/boox/feufol/books5000. shtml 关于此书的署名问题，李石曾后来曾略有解释："我在法，曾将所著中文本之《大豆》一书译成法文，并增图表补充申述，得农校同学法籍葛君为助手，重于刘君。我列其名如李、刘之于此书，乃著书惯例。我书原作全出自书本，可为博士论文，葛氏作此建议，我之农校及巴黎大学教授亦均同此建议，我未接受。葛我互助互重之道义精神，重于一博士头衔，在我毫无重轻。"《李著〈李鸿藻先生年谱〉重文馆藏本题注》，载《李石曾先生文集》上册，台北：中国国民党党史委员会，1980年，第430—431页。此处提到的李、刘之书，乃是李宗侗与刘凤翰合著之《李鸿藻先生年谱》2册，台北：台湾"商务印书馆"，1969年；而所提葛君，自即为《大豆》法文版列名的第二作者 L. Grndvoinnet 当为 L. Grandvoinnet 之误笔。这里的巴黎远东生物学会据说乃是1907年时李石曾与夏仲坚等发起成立的。参见李书华：《辛亥革命前后的李石曾先生》，载《李石曾先生纪念集》，第189页，无编者、出版地、年份等。

⑧吴稚晖曾解释李石曾的招募华工思路："李先生何以如此热心，把中国几十万华工招来法国。李先生是要这些人来法国，看见法国如此美丽，如此有秩序。只要每一来法华工回家后，能改良一个厕所，一个厨房，也就够了。"参见商文立：《李石曾先生之思想与行事》，载《李石曾先生纪念集》，第 229 页，无编者、出版地、年份等。

⑨李璜对此有过评价："其创办巴黎豆腐公司，并创办素食饭馆，皆有其 Vegetarian 的目的。可惜法国人吃不惯豆腐，连豆浆都嫌有豆腥味，故其豆腐公司的生涯寥落，后来只有靠法政府的津贴，为参战华工做甜豆饼干与五香豆腐干。"参见李璜：《学钝室回忆录》，台北：传记文学出版社，1973 年，第 59 页。参见陈纪滢：《一代振奇人——李石曾传》，台北：近代中国出版社，1982 年，第 111 页。

⑩杨恺龄：《民国李石曾先生煜瀛年谱》，台北：台湾"商务印书馆"，1980 年，第 20 页。

⑪孙中山《孙文学说》第四章，此处引自杨恺龄：《民国李石曾先生煜瀛年谱》，台北：台湾“商务印书馆”，1980 年，第 22—23 页。

⑫蔡元培：《孑民自述》，朱鸿召编选，南京：江苏人民出版社，1999 年，第 61 页。

⑬李石曾如此回忆说：“至于在上海经人介绍蔡民友先生——原号鹤卿，彼时号民友，民国后号孑民——是在见吴先生之后，是在吴彦孚组合的一个文人学者的环境之中，似乎是‘张园’，这园在那时很时兴，有演说会等等，那次聚合若干年，曾经改造成为出租的洋楼了！那次似乎有很多文化界的人物，似乎是蔡先生、夏穗卿、蒋观云、王小徐等多人，但吴先生并不在座。”《谈吴稚晖蔡孑民两先生》，载《李石曾先生文集》下册，台北：中国国民党党史委员会，1980 年，第 111 页。但实际上，蔡元培在日后致吴稚晖的信函中，往往都要提及对李石曾的问候。如“李石公均此”，《致吴敬恒函》(1907 年冬)，载高平叔编：《蔡元培全集》第 1 册，北京：中华书局，1984 年，第

398 页。如“石公病瘥否？至念。”《致吴敬恒函》(1908 年)，载高平叔编：《蔡元培全集》第 1 册，北京：中华书局，1984 年，第 405 页。

⑭蔡元培自己称之为“每日若干时习德语，若干时教国学，若干时为商务编书，若干时应酬同学”。所谓教国学是指蔡元培受聘为唐绍仪的侄子宝书等四人的国文家庭教师，为这些身在异国的国学根基很浅的少年讲授国学，以贴补留学和家庭生活费用，每月的报酬是 100 马克。载蔡建国：《蔡元培与近代中国》，上海：上海社会科学院出版社，1997 年，第 97 页。

⑮从李石曾的回忆中，也基本可得到印证。他说：“在巴黎发行了大型‘世界’第一期之后，正在准备第二期之时，我到柏林与蔡民友先生等相聚数日，也可谓蔡李订交较深之地之时，至在上海不过萍水相逢，彼此渺茫。”《谈吴稚晖蔡子民两先生》，载《李石曾先生文集》下册，台北：中国国民党党史委员会，1980 年，第 111 页。1908 年，蔡元培则回访李石曾于巴黎，他自己记述道：“戊申年，我游巴黎，与李先生多所往

来。”引自王世儒：《蔡元培先生年谱》上册，北京：北京大学出版社，1998 年，第 106 页。

⑯参见沈福伟：《蔡元培与法国文化》，载《国际汉学》第 5 辑，郑州：大象出版社，2000 年，第 175—188 页。

⑰蔡元培：《蔡元培自传》，载桂勤编：《蔡元培学术文化随笔》，北京：中国青年出版社，1996 年，第 293 页。

⑱《日记》，见高平叔：《蔡元培年谱长编》上册，北京：人民教育出版社，1996 年，第 537 页。

⑲1913 年 10 月 15 日日记，载《蔡元培全集》第 16 卷，杭州：浙江教育出版社，1998 年，第 19 页。

⑳高平叔：《蔡元培年谱长编》上册，北京：人民教育出版社，1996 年，第 533 页。

㉑同⑲。

㉒1913 年 10 月 17 日日记，载《蔡元培全集》第 16 卷，杭州：浙江教育出版社，1998 年，第 20 页。

㉓1913 年 10 月 18 日日记，载《蔡元培全集》第 16 卷，杭州：浙江教育出版社，1998 年，第 20 页。

㉔1913 年 10 月 27 日日记，载《蔡元培全集》第 16 卷，

杭州：浙江教育出版社，1998年，第20页。

㉕1913年11月4日日记，载《蔡元培全集》第16卷，杭州：浙江教育出版社，1998年，第21页。

㉖1913年10月21日日记，载《蔡元培全集》第16卷，杭州：浙江教育出版社，1998年，第20页。

㉗1913年11月10日日记，载《蔡元培全集》第16卷，杭州：浙江教育出版社，1998年，第21页。

㉘蔡元培：《孑民自述》，朱鸿召编选，南京：江苏人民出版社，1999年，第61页。

㉙蔡元培：《孑民自述》，朱鸿召编选，南京：江苏人民出版社，1999年，第62页。

㉚1913年11月4日日记，转引自高平叔：《蔡元培年谱长编》上册，北京：人民教育出版社，1996年，第534页。

㉛1913年12月29日日记，载《蔡元培全集》第16卷，杭州：浙江教育出版社，1998年，第24页。

㉜1914年2月27日致吴稚晖手札，转引自高平叔：《蔡元培年谱长编》上册，北京：人民教育出版社，1996

年，第544—545页。

㉝《假如我的年纪回到二十岁》(1935年)，载蔡元培：《蔡元培美学文选》，北京：北京大学出版社，1983年，第212页。

㉞陈西滢：《关于蔡先生的回忆》，载陈平原、郑勇编：《追忆蔡元培》，北京：中国广播电视出版社，1997年，第75页。

㉟同㉝。

维持生计：大战背景下的生活与求学

蔡元培留法的时代，正是国内与国际背景交融动荡之际。在中国，因为二次革命失败而出现了北洋军阀独裁；而在国际上，则迅即爆发了德奥引起的第一次世界大战。如此，即便是理想中的法兰西，也放不下一张平静的书桌了。本以为选择了一个可以“躲进小楼静读书”的世外桃源，但没想到竟又是一个时危艰难的环境。在这种情况下，蔡元培究竟该如何应对？如何才能寻到能够放下的那张书桌？

1913年，是中华民国建立的第二年，从最初的百废待兴，充满期待，到一切烟消云散，落定尘埃。可以说那个时代的理想主义分子终究明白了政治的虚幻之处，熊十力、马君武等人当初都是少年豪情，当家国危亡之际，便毅然投笔从戎，投身革命；但经历辛亥革命后，观感大变，本以为政治革命会促进道德进化，但实际上的政治运作，却只能是肮脏的交易；“国人痛鼎革以来，道德沦丧，官方败坏，(袁氏首坏初基，军阀继之。贪污、淫侈、残忍、猜妒、浮夸、诈骗、卑屈、苟贱，无所不至其极，人道绝矣。)士习偷靡，民生凋敝。天下无生人之气”[①]。而对于身在其中的国民党，熊氏亦无好感：“党人绝无在身心上做工夫者，如何拨乱反正？”[②]“念党人竞权争利，革命终无善果；又目击万里朱殷，时或独自登高，苍茫望天，泪盈盈雨下；以为祸乱起于众昏无知，欲专力于学术；导人群以正见。自是不作革命行动，而虚心探中印两方之学。”[③]蔡元培的觉悟或许更早，他在民国首任教育总长任上再度选择了放洋留学。从两年前的拍案而起，从柏林毅然归国，到此时的携家来法，蔡元培的心境，究竟是黯然神伤，还是淡然处之？

1914年，一战爆发，对于这代希望从国内“硝烟”

躲避开去的人来说，真是屋漏偏又遭风雨，不想原本以为可以躲进小楼成一统的“西方世界”，竟然转眼之间成了更加动荡不宁，甚至有生命威胁的危险之地。蔡元培随即应变，当然主要还是以自己家庭为单位的应变。按照蔡氏的回忆：“李君石曾在蒙泰祺租了房子，住他的家眷。我们同汪君精卫一帮人，也常常到那里去开会的。到风声紧急的时候，法国政府由巴黎迁往巴多，留法俭学会的学生，留在巴黎近郊的也觉不稳当了。李君把自住的房子腾出了，给学生住，而自己及家眷迁到乡间去，并劝我们同去，邀我们到蒙泰祺会齐，然后同往乡间农村暂住。”[④]所以，这时他们的变化也是有趣的，李石曾腾出了蒙岱寂的房子给留法俭学会的学生住，而自己则约了朋友到农家去，那么战时的法国农村如何呢？“此地全是旧式农家的样子，道路上常有牛马粪等。李君把最好的一间楼房给我们。食物则牛乳、面包、乳油、鸡蛋等，应有尽有。”[⑤]说起来还真是有些乡间田园风味的感觉，最重要的是食物不缺，大可以享此良辰佳景。但绝不是没有问题，“最不便的是厕所，设在后园中，上装木架子，可容两人并坐。我的最小的孩子柏龄，承女房东特许，可在房间的铅桶上排泄，余人非往园中不可。李君备竹签一支，一面写‘有人在此’等字，一面空白，挂在园门上，以便进出的人随时可做记号。但有些人不能注意于此，李太太登厕时，常恐有别一个男人进去，占其旁位，乃请李君陪往并坐。这真是那时候一种特殊的事情”⑥。再大的人物都免不了衣食住行的琐事，柴米油盐酱醋茶，或曰“吃喝拉撒睡”是每个人都必须面临的问题。在此特殊时代的特殊景况，也可以让我们理解那代人之远泊重洋的不易。

不过当初在蒙岱寂的时候，是非常热闹而有新气象的。吴稚晖曾撰文《欧战前后两游法国记》，就记录下蔡元培在此的踪迹：

抵巴黎西城森乐祚车站，刚钟指十有八时。……余友数人，相见于车站。遂共归俭学出版部，围坐作夜谈。其明日为星期日，蒙达尔城之俭学团方开两周一度之讲学会，主持其事之李石曾君，特邀蔡子民君为本期之讲员。余遂与一行人，随蔡、李两君同去。盖蒙达尔城在巴黎南境二、三百里外，为法兰西之中原。李君习农，最先至，近年遂家于此。其他有农校、工校及普通预科校、女校各一。诸君之朋友子女分学其间，俭学会诸君之一部分，亦遂相集于其城。……诸人皆先后仍聚森乐祚站，八时发巴黎，历两小时而至。出蒙达尔车站，……俭学诸君多吾国高识之士。故当日既开会，蔡君演题为《德儒康德之空间时间说》，其余兴又令余述中国新制音母之状况。……月曜之晨，……参观农校。……火曜清晨，观方登布鲁之森林，且俭学诸君之又一部分，即在彼处之普通校。……夜归巴黎。留滞巴黎三日，土曜清晨，又与蔡、李、褚三君乘车观提爱布相近之人工丝厂，华人作工于其间者五十人。工余之设备，无异一补习校。……参观已罢，诸君共赴提爱布海岸，坐沙际，披夕阳，睹海波之浩瀚，纵谈许久，握手道别。蔡君等乘车回巴黎，余遂于夜半在提爱布登舶。⑦

通过这番详尽的描述，我们可以想见那代人在留欧时代的行踪旅程和精神状态。显然李石曾乃是东道主，他有这样一种张罗的能力和热情，而蔡元培、吴稚晖等人则成为充当师资的座上客。蔡元培主讲的是《德儒康德之空间时间说》，显然面对留法学人发挥的是他的德国背景专长，其实这也与这段时间蔡元培从事的撰述工作有关，他在编撰《康德美学述》。1924 年，蔡元培曾应北京大学之托而参加德国的康德二百周年纪念会。“本年四月，德国举行康德二百年生日纪念会，敬请我公代表本校前往与会。兹汇上赴会川资四百元，请督收为荷。”[8]4 月 14 日，蔡氏尚在英国伦敦，为交涉退还英国庚款事而奔忙；15 日更提出《处理退还英庚款的备忘录》。很可能之后就直接由英赴德，先赴柏林[9]，再转哥尼斯堡。毛子水追忆道：“一九二四年四月，蔡先生偕周夫人赴德国 Koenigsberg 出席康德二百岁生日纪念会时，路过柏林，停留数天。他们在柏林参观柏林大学和美术学院、音乐学院及游览动物园、植物园，我都曾随同几位同学陪伴。”[10]蔡元培发言称：“只有在扩大知识和提高道德价值的基础上，世界才能够向前发展。在一个错综复杂、令人迷惘的世界里，特别需要具有这样一种精神。它能使最完美的知识和至高的道德的时代潮流融合在一起，并使崇高的永恒真理的理想得以发扬。”[11]但很显然，并不是要到了需要用的时候才临时抱佛脚，甚至也不仅是在当初的留德时代，甚至是在法国的岁月里，蔡元培也从不曾忘怀康德，始终将其作为一个重要的知识资源而不断学习与温习之。

战争，是一种非常残酷的人类竞争逐存的方式，虽然最后总有分出胜败的一天，谁都免不了成王败寇的结局，但在过程之中则是对民众极为残酷的事情。蔡元培等人在欧洲亲历的，就是人类历史上第一次全面性的世界大战，帝国主义之间的强权争夺，使得偌大的欧洲几乎放不下一张安静的书桌，而身当此局中的中国知识精英究竟是如何应对的呢？

蔡元培必须不断迁居，才能保证远离战火和全家的安全。虽然蒙岱寂是个好地方，但毕竟太小，而且距离巴黎太近，所以，“我们在这里住了不久，就迁到相近的一个小镇圣多耐去。这地方出赁的房子比较多一点，我们与李君等就分住了”[12]。天下没有不散的宴席，再好的朋友，也不可能常相近邻。即便以蔡元培、李石曾的亲密交谊，他们也不可能整日里举家“长相守”。在法国这样一个异邦之地，“海内存知己，天涯若比邻”，或许就是最好的写照了。

圣多耐是一个小镇，“我们住的是一家帽店的楼上，房东是一位半老的寡妇，同一位二十余岁的女儿。女儿能制帽饰，曾与一位中国学生为友，该学生回国后，不通消息，托我们代为探听”[13]。我们可以看到，通过不断的在不同的法国家庭租房，蔡元培其实可以接触到形形色色的法国人，而其时的中法婚恋状态也自然进入到我们视域中来。

蔡元培的迁居并没有结束，只要战争未歇，他们移动的步伐就不能停止。“我们住圣多耐不久，又迁都鲁士。都鲁士是法国南方的一都会，有大学，记得李君圣章、谭君仲逵、王君馥清均曾在该大学肄业。小孩子们都进学校，我同黄夫人也学一点法语。”[14]这也有一个好处，就是可以多看城市，权当旅游了。不过说来简单，真的举家不断迁徙，其实是一件很无奈和狼狈的事情。

可见蔡元培举家留法真是不易，仅是住址可谓多迁，由科隆布而巴黎，由巴黎而蒙岱寂，而圣多耐，而都鲁士，从法国的首都直到南方的中心。最重要的是，蔡元培真是一个有心人，他无论身在何方，念念不忘学习法语。除了要给孩子们安排学校之外，做父母的也不甘心就此陷入柴米油盐酱醋茶的日常琐碎之中，而是努力在学习可能的新知识，譬如说法语。对来到相对陌生国度的人们来说，语言真是一个很难绕过去的难关；但如果有相熟朋友的帮助，那就又有所不同了。所以，这就又必须提及李石曾。值得特别记述一笔的是战时的度假，也是李石曾有此法国人的习惯，即便在战火纷飞的特殊年代也不忘休闲："民国四年的暑假，李君发起，大家往南方海浴场罗埃上（Royan）避暑。我们所住的是一所别墅，房东愿全年出租，李君劝我们留住，所以暑假后，李君等到别处去了，而我们一家还住在这里。"[15]法国外省的生活还是相对比较便宜的，所以，说是度假，度假之后，蔡元培一家干脆就在罗埃上这里留下了，说来也是一件饶有趣味的事情。1915年9月28日，复吴稚晖函称：“石曾先生前、昨二日，已不复发热，不日可以全愈，为休养起见，拟再留此半个月，然后回蒙得而城。弟家则将于十月一日迁往Royan，亦海滨小市……”[16]这里讲的应该是同一件事，就是到法国海滨去度假。应该说，这一切都是托李石曾的福，没有他那长袖善舞的活动能量和组织热情，以及与法国人的熟悉与热络的关系，这些旅游或文化活动恐怕是很难成功的。

时间总是那样迅速地在流逝奔走，仿佛是刚来此邦，熟悉环境、找房子、迁居，甚至去度假旅游，但很快就发现已然年华过去，又到了启程归国的时候了。在这段时期里，蔡元培显然不得不应付纷至沓来的各种事务。1916年9月23日，蔡元培在巴黎致函夫人黄仲玉，告“使馆信正在预备，如煦儿明日或后日到警察署索Luis-Pas(许可证)而能得最好，否则俟兄回，持使馆函往索，必可得”，这显然是关于居留的问题，蔡元培不得不为家里的各种事宜而操心。“船票已买得，船须十月初二日午后开，船未开时，船上不能住宿，开船以前两点钟始准上船，我等可于三十日赴波尔多，初一日赴马赛，住客栈一夜。初二日之午前，赴警署，搬行李，尚从容也”，这显然是在安排离法返国之具体行程。谭熙鸿“须十一月回都鲁士，但渠所租之十八号屋并未退租，煦儿未进学堂时可借住。渠送我等到马赛后，当偕煦儿回都鲁士，为之安排，然后赴波尔多”[17]。这显然是给自己的孩子也做了较为周密的安排，没有友人如谭熙鸿等的相助，确实是相当困难的。10月2日，蔡元培偕夫人黄仲玉、长女威廉、三子柏龄离法归国。

困境中的精神坚守，对于那代人来说，与其说是一种物质困境，还不如说是更难的精神上的挑战。因为在各种困顿的物质环境中，各种向度的力量都会体现出来，实际上是在考验和挑战他们对自身精神的底线尺度。

对蔡元培来说，虽然身处异邦，而且是“烽火连三月，家书抵万金”的战乱时代，但仍然念念不忘学习，而家事国事天下事，无一不能不萦怀。1914 年 10 月 2 日，致蒋维乔函称：“九月初二日，去巴黎不过四十启罗迈当。法政府迁于西南境波尔多，弟所居适在两行炮台环线之间，……遂于三日偕眷属启行，先赴蒙达尔市，……然其地尚为南来之德军所能经，……适有一法人介绍一住所于西方之望台省谟觞村，遂以十四日再西迁。……”[18]从这段叙述中，我们可以看到蔡元培必须考虑战争状态下的安全问题，找到一个合适而能避开入侵德军的地方则是首要之务。

然而，还不仅如此，还有孩子们的入学问题。“到此以后，颇偕李君赴望台省各市观学校，始知西方之中学校若高等小学，每年学膳费，不过自五百佛郎至六百佛郎，以十个月计。暑假中校外寄宿，廉者亦不过每月五十佛郎至六十佛郎耳。再加以添置书籍、衣服及其他杂费，一年有四百圆，必可支持。较之游学日本之费，似相等矣。闻极南近西班牙各省，有一、二校，每年只须三百佛郎，则与上海学校无异。……”[19]蔡元培、李石曾等不愧是有大眼光的人，最初想的不过是自家孩子的入学问题，却能推而极广，变成为国人谋留学路径的大篇章了。但他们毕竟是理想色彩过浓了，个体的学习是一回事，一旦成为社会化的事业，则完全另当别论。而且法国的义务教育自有其国民体系的优越性，主要是服务于本国公民的，他山之石可以攻玉，但毕竟不是自家的东西。这或许也是日后留法勤工俭学运动发展误区的某种思想前因所在吧。

终于，蔡元培安顿好了孩子的入学问题，“我等……因择去谟觞村十二启罗迈当之爽都耐市，而于九月廿八日迁居之。……有高等小学及女学校，均于十月一日开课，儿辈均进去矣。如战局久不定，弟或尚须择一有大学之市，为一、两年居留计。……”[20]这里很明显地表现出蔡元培希望进入大学听课或研究的想法。可惜的是，终其留法之竟也终究没有实现这个愿望。

总体说来，蔡元培因为出走前有所谋划，所以通过编书售稿等方式有基本的经济保障，但遭逢欧战之苦，却不得不颠沛流离中求学习之可能。而国内之事务和国家之发展，他也不能忘怀，所以看看他所做的事情，办各种杂志、建华法教育会、参与发起勤工俭学运动、办华工学校等等，其实都是一种物质困境中的精神坚守。这样一种虽身在江湖，而忧国事前途的选择，其实体现了那代人在现代转型的压力下，仍坚守了士人精神的良好传统。最有趣的是，1914年9月3日上海《时报》登了这样一条消息："袁总统以汪兆铭、蔡元培二人虽隶属国民党，尚无煽乱实据，其富学问，现困于法，特饬汇四千佛郎接济。"蔡元培在那种环境下当然不是不缺钱，但却处理得很有气节和节度，1915年4月6日致吴稚晖信中曾提及："弟与袁世凯绝交，至分明，在彼亦不过笑弟为一迂儒，未必置于意中，……去春忽汇银三千于法国，云闻汪、李、蔡三君现状颇窘，以此相助云云。弟等既不愿用，亦不便却，商定请其移作《学风杂志》印费。"[21]对于袁世凯这种政客来说，显然是有着非常明显的经济与政治利益交换考量的，而蔡元培虽然书生意气，又何尝不知，在这种情况下的选择其实正能显示那代知识精英在基本问题上的立场和底线，而这恰恰是士传统最大的优势所在。问题在于，这种传统如断鸿零绪，花果久已飘零矣！

注释

①熊十力：《读经示要》第1卷，上海：正中书局，1949年，第33页。

②熊十力：《十力语要》第3卷，湖北十力丛书印本，出版机构不详，1947年，第63页。

③《与侄非武》，《十力语要》第4卷，出版机构不详，1947年，第58页。

④蔡元培：《孑民自述》，朱鸿召编选，南京：江苏人民出版社，1999年，第61页。

⑤同④。

⑥蔡元培：《孑民自述》，朱鸿召编选，南京：江苏人民出版社，1999年，第61—62页。

⑦《吴稚晖先生全集》卷16，第201—206页，转引自高平叔：《蔡元培年谱长编》上册，北京：人民教育出版社，1996年，第550—551页。

⑧高平叔：《蔡元培年谱长编》中册，北京：人民教育出

版社，1996年，第675页。

⑨这一判断在蔡元培致罗素函(1924年7月15日)中得到印证，说："四月访英时，您尚在美国"，又说："离英赴柏林前夕"。载《蔡元培全集》第11卷，杭州：浙江教育出版社，1998年，第218页。

⑩毛子水：《对于蔡先生的一些回忆》，载陈平原、郑勇编：《追忆蔡元培》，北京：中国广播电视出版社，1997年，第43页。

⑪《在康德诞生二百周年纪念会上致词》(1924年5月12日)，原稿为蒋仁宇根据蔡元培演说词德文打字稿译出，收入《蔡元培全集》第5卷，杭州：浙江教育出版社，1997年，第270—271页。

⑫蔡元培：《孑民自述》，朱鸿召编选，南京：江苏人民出版社，1999年，第62页。

⑬同⑫。

⑭同⑫。

⑮同⑫。

⑯手札，转引自高平叔：《蔡元培年谱长编》上册，北

京：人民教育出版社，1996年，第586页。

⑰手札，转引自高平叔：《蔡元培年谱长编》上册，北京：人民教育出版社，1996年，第614页。

⑱手札，转引自高平叔：《蔡元培年谱长编》上册，北京：人民教育出版社，1996年，第563页。

⑲同⑱。

⑳手札，转引自高平叔：《蔡元培年谱长编》上册，北京：人民教育出版社，1996年，第563—564页。

㉑手札，转引自高平叔：《蔡元培年谱长编》上册，北京：人民教育出版社，1996年，第562页。

筹办刊物：《学风》的失败及其文化理想

在那种时危艰难的环境下，蔡元培究竟是如何应对的呢？

1913年，蔡元培旅居法国不久，与吴稚晖、李石曾、汪精卫等人多所往还，其中考虑问题的核心仍不脱经世致用，具体言之仍为救国问题，所谓“处江湖之远而不忘其国”是也。即便是远在欧洲，仍是心系中国。8月9日吴稚晖日记如此记录下他们的共识：“国事决非青年手足之力所能助，正不若力学之足以转移风气也。近日余与孑民、石曾、精卫等聚谈，皆确然深信，惟一之救国方法，只当致意青年有志力者，从事于最高深之学问，历二、三十年，沈(沉)浸于一学专门名家之学者，出其一言一动，皆足以起社会之尊信，而后学风始以丕变。即使不幸而国家遭瓜分之祸，苟此一种族，尚有学界之闻人，异族虐待之条件，必因有执持公理之名人为之删减。于是族人回复之力，可不致于打消净尽。”[①]正是出于这样的一种宏大思路，他们开始筹办《学风》杂志，而蔡元培则是其中最核心的一人。但其中涉及任务之繁重、关系之复杂，又远超出想象。1914 年 4 月 16 日，他致函吴稚晖：“示《学风》稿件预备寄沪，弟初误会，以为先生将先与文明(书局)谈判，适有他事，遂将改稿之事暂搁，今当着手为之，编辑人姓名，弟此刻思之，似以不用弟名为是，对于商务一面，较为不伤感情。去冬菊生及杜亚泉(《东方》杂志之编辑人)因中华杂志有卓如等主笔，要求汪、李两先生及弟等投稿，以与之竞争，弟等三人均诺之，然至今无所投。如先生肯居其名最好，否则请石曾先生亦可。至于此间搜辑稿件及修改之役，弟任之如初，想蒙赞成。”[②]

其大致的背景想来是作为两大书业领袖的商务印书馆、中华书局相互竞争，以杂志为龙头，则表现为杜亚泉主事之《东方》杂志与梁启超主持之《大中华》的对峙。

而蔡元培与张元济主持的商务印书馆关系密切，曾允诺供稿，但终究未兑现。此时想推动《学风》杂志出版，则恐对方怀疑因为自家想办刊物而不愿积极参与也。所以，蔡元培不愿具其名，而承担事务工作之实，由此可见那代人的心胸气度和所怀者大。

总体来说，这批精英在异国语境中致力于报刊编辑出版，试图从文化层面上来戮力于现代中国的建设进程。陈炯明到法国后，也愿意承担部分经费赞助此事。蔡元培与吴稚晖通信频繁，不断落实此事的细节问题：“现在所居与印字局密切者，为弟与溥泉先生，溥泉先生既任经理之事，欲以编辑之任委于弟，弟又不便固辞，允暂任之。前日李先生商于先生，承先生函复赞成，同人不胜感悦。精卫先生初颇有所犹豫，经李先生面商后，已允担任论说。精卫先生所最不愿者为署名，……弟意拟出之报，惟其实而不惟其名，不特精卫先生不必定署本名，即弟等似亦可随意写一姓名，……想先生亦以为无可无不可也。报之体例，弟拟出一纸，抄奉，请酌改。名曰《劝学》，妥否？亦请酌示。先生所计划之《俭学界》，今列为报中之一部，仍请先生完全担任。此外尚欲请先生每三个月任论说一篇，因论说一门，拟由先生、精卫先生及弟轮流担任之也。……前日与李、张诸先生商及，此报每期约需三万字，虽他日不患无来稿，而初出数期，不可不由此间同志尽量担任，佥以先生下笔千言，常有才多之患，拟请每月所任，以六千字为率，未知可否？报中《教育界》一门，在英国一方面之材料，如可由先生辑译，或由先生属托一友任之，最好。第一期之稿，此间悬拟于六月十五日以前缴齐，如先生能早日拨冗下笔，最所望也。”[③]这是1914年5月27日的事情，可见其时杂志的筹办已经是如火如荼，万事俱备只欠东风了。只要筹足稿源，当可顺利运行。

这一点只要看看所附的《劝学》简章，就可以看到此刊的运作已初步完备。宗旨明确：“辑录(恩)闻报告同志，矫专己守残之癖，振深思好学之风”。各个栏目也都有了，“论说”就是为了贯彻宗旨，“学理删要”则是择要译述各国名人学说，“闻见记”强调“史谈游记足以资学界之参考、鼓旅行之兴会者”，“美术丛谈”则“论文、顾曲、题画、访碑以至隐语谐谈之属，凡含有美术性质者属之”，“书报提要”则“古今名著，学术杂志，揭其概要，以为介绍”，还有专门的，如“教育界”是为了“记世界教育状况及我国留学生情形”，“俭学界”则是“记留法、留英等之俭学会之事实及文牍”[④]。甚至编辑、发行地点都明确标示出来：“法国 37，Rue Victor Hugo，Colombes，Seine”。计划是月出一册，一年十二册。但这其中显然还是有一些不定因素的，一则似乎出版社尚未确定，在商务印书馆、文明书局之间待商；更重要的则是刊名问题，从原来设想的《学风》到此时的《劝学》，显然有些变化，可备选的题目还不止两个。到了 6 月 2 日，蔡元培又致函吴稚晖，继续商量刊名问题，强调说如果想引起读者对出版地的注意，则“可于封面报名旁写巴黎出版等字，不必于名上含之。于是又寻觅普通之字，弟初拟《学艺》、《学术》等字，又与欧学之不易副相等。……今拟得《修学》、《务学》两名，未知可用否？如先生再想出妥当之名，尤希示及，以备比较。……”[⑤]显然，刊名问题是讨论的中心，除了蔡元培此处列出的名字之外，还有《欧学》的提议，显然是考虑到对编辑者所在地域不同的强调[⑥]；而蔡元培的意见则很明确，不拟通过刊名而彰显这种特点，而更立足于刊名的普遍性意义。

6月12日，蔡元培又致函吴稚晖，说："奉手书，并大稿两种，涉笔成趣，引人入胜，警语络绎，使读者于不知不觉中有深刻之印象，杂志得此，不忧枯寂无味矣。先生所书，每行扣定字数，殊费苦心。但现因每行三十二字太长，议减去一字，又拟仍用句读标记，于字间每标记占一格。如先生此后草稿添入此两条件，则更圆满矣。石曾先生明日将自蒙城来，容再与商洽一切，报名尚未定。先生所写《学商》二字，同人恐见者疑为专谭商学；弟拟用《游学》二字，仍嫌烂熟。精卫先生拟《学风》，当可用。一、二日内必可决定也。行严所发行之《甲寅》，已见过第一本，诚佳。其加注之法，拟仿行之，或置之每篇后。先生此后草稿，于译名下可记入号数，而于篇末注以原文或出处，更便。"[⑦]从这封信看来，一方面是刊名仍迟迟不决，显然要考虑方方面面的意见，但吴稚晖拟议的《学商》、蔡元培拟议的《游学》，显然最后都未被采纳，定名的乃是汪精卫拟议的《学风》，可惜最终也未能问世。另一方面则是蔡元培做编辑功夫的事必躬亲，具体到每行多少字，标点符号是否使用，注解如何标示，都一一提出具体要求，煞是认真。

6月23日仍在讨论，蔡元培复函吴稚晖："奉手书……《俭学界》不必有引言及支配之法不必预定，弟皆赞成，俟石曾先生酌之。"[⑧]这是关于具体栏目的编辑方法的意见。而到此刊名也终于有了定论："报名于《修学》、《学风》二者，同人多赞成'学风'，于先生所虑几层亦以为然，而以为不至如此之甚，故仍用《学风》，请鉴谅。"[⑨]这是采用民主法的多数人的意见，倒也公平。此时办刊之事进行得乃是如火如荼，所以蔡元培说："此间有几许事未能定夺，然弟已陆续发稿，陈先生陆续排成，尚有日日进行之状，请勿念。"[⑩]

实际上也是如此，《学风》杂志第一期的目录都排出来了，"论说"栏目两篇文章，蔡元培的"发刊词"与汪精卫的"俭学说"；"学理删要"三篇，"人学"（石曾）、"康德美学述”（孑民）、“生与死”（法国达斯脱原著，仲逵）；“闻见记”两篇，张继的“里昂观万国城市赛会记”，李石曾、蔡元培的“谈荟”；“美学丛记”两篇，“拉飞儿雅典学派图释”（孑民）、“卢骚野弥尔小说”（竞生）；“图书介绍”分为：古今要籍介绍、名著介绍、丛书介绍、新书介绍，署名是石曾；“教育界”则是蔡元培译的“第四次万国教育大会预告”；“俭学界”则三篇，“俭学会略记”（石曾）、“俭学会一分子春假游法记”（稚晖）、“俭学百话”（稚晖）。[11]

如此万事俱备，可偏偏就是天有不测风云，1914 年一战全面爆发。标志是 8 月 2 日，德军入侵比利时和法国。此前的 7 月 4 日，蔡元培致吴稚晖函还认为：“《学风》第一期本拟于本月十五日印完，因铅字不齐，正在添铸，恐须稍缓出版；然第一期经多许周折，以后便可顺手矣。”[12]仍是一派好事多磨，终将美梦成真的感觉。但随即就不得不面对大战爆发的现实了，去忙着组织“旅法学界西南维持会”了。

最遗憾的事情，当属《学风》杂志的夭折。在 1914

年底前后的样子，蔡元培已是改弦更张，开始筹划“学风丛书”的编印了，道理很简单，既然战火纷飞中无法继续，只能想可能的办法使原来的努力还能以别的形式产生作用。杂志需要长期坚持，丛书则更可以相对轻松。所以筹划将原来的文章编为“学风丛书”：“……同志结合，译治群书，或介绍学理，或感发精神，或陈致用之方术，或启求学之门径，循环贯合，深期广好学之风，此《学风丛书》之所以作也。”[13]丛书分类有四种，即：学理、文苑、致用、教科。当时拟定的计划包括：蔡元培《康德美学述》、李石曾《人学》、汪精卫《中国学术》、李石曾译《互助》(克鲁泡特金原著)、谭熙鸿译《生与死》、张竞生译《野弥尔》等。但这些书应该都未印出。所以理解那代人，就必须理解那代人在变动不居的世界史语境中的运动和思想轨迹，没有这种历史认知，不回到那种历史现场，你是很难理解为什么他们会是那样的一种选择和行为方式。

幸则，还留下了他们的历史书写，这为我们理解那代人提供了最好的文本材料。最典型的，自然是此次运动的真正主事者蔡元培所撰写的《发刊词》，他开篇即说："今之时代，其全世界大交通之时代乎？昔者吾人以我国为天下，而西方人亦以欧洲为世界。今也畛域渐化，吾人既已认有所谓西方之文明，而彼西方人者，虽以吾国势之弱，习俗之殊特，相与鄙夷之，而不能不承认为世界之一分子。有一世界博览会焉，吾国之制作品必与列焉；有大学焉，苟其力足以包罗世界之学术，则吾国之语文、历史，恒列为一科焉；有大藏书楼焉，则吾国之图籍，恒有存焉；有博物院焉，苟其宗旨在于集殊方之珍异，揭人类之真相，则吾国之美术品或非美术品，必在所搜罗焉。此全世界大交通之证也。"他进一步指出："虽然，全世界之交通，非徒以国为单位，为国际间之交涉而已。在一方面，吾人不失其为家庭或民族或国家之一分子；而他方面，则又将不为此等种种关系所囿域，与一切人类各立于世界一分子之地位，通力合作，增进世界之文化。此今日稍稍有知识者所公认也。夫全世界之各各分子，所谓通力合作以增进世界之文化者，为何事乎？其事固不胜举，而其最完全不受他种社会之囿域，而合于世界主义者，其惟科学与美术乎(科学兼哲学言之)!”在历数了西方科学文明的发达，以及中国人历史上汲取外来文化的伟业之后，蔡元培明确指出这代人的责任：

方吾等之未来欧洲也，所闻亦犹是耳。至于今日，则对于学海之闳深，不能不为望洋向若之叹。而生活程度，准俭学会之所计画，亦无以大过于日本，未尝不叹息于“百闻不如一见”之良言也。夫吾人今日之所见，既大殊于曩昔之所闻，则内国同胞之所闻，其有殊于吾人之所见，可推而知。鹿得苹草，以为美食，则呦呦然相呼而共食之。田父负日之暄而暖，以为人莫知者，则愿举而献之于其君。吾侪既有所见，不能不有以报告于国内之同胞，吾侪之良心所命令也。以吾侪涉学之浅，更事之不多，欧洲学界之真相，为吾侪所窥见者，殆不逮万之一。以日力、财力之有限，举吾侪之所窥见，所能报告于同胞者，又殆不逮百之一。然则吾侪之所报告者，不能有几何之价值，吾侪固稔知之。然而吾侪之情，决不容以自已。是则吾侪之所以不自惭其弇陋，而有此《学风》杂志之发刊者也。[14]

总体来看，《学风》杂志的酝酿和筹备，蔡元培似乎扮演了相当重要和核心的角色。这与稍后的世界社事业、华法教育会事业等还是有所不同，那是李石曾主导的事业，而《学风》的立意和创办过程，那是蔡元培事必躬亲、全力推进的。所以，此刊虽然因世界大战的突然爆发而功败垂成，但其文化史意义却值得重新估价，因为这表现出蔡元培这样具有胸怀、眼光和阅历的一流知识精英，在经历过种种理想和幻灭之后，最后从最基本的文化与学术事业开始着手的策略选择，即便身在他乡，其实仍不忘家国于江湖之上。只是泛舟塞纳或外省的轻舟之上，是否还能寻到中华母国的大钟之声？在《学风》杂志发刊词这篇厚重大文中，我们或许可以换一种眼光重新审视那代人的见地、学养和抱负！或许其意义更在于，前贤起步于此，其断点正是后来者可以续步前进之处。设若如此，现代中国的建设事业正是一个接踵而至、薪火不灭的传承过程，后来者，其可承当焉！

注释

①《吴稚晖先生选集》上册，第139页，转引自高平叔：《蔡元培年谱长编》上册，北京：人民教育出版社，1996年，第528页。

②蔡元培致吴稚晖手札，转引自高平叔：《蔡元培年谱长编》上册，北京：人民教育出版社，1996年，第546页。

③蔡元培致吴稚晖手札，转引自高平叔：《蔡元培年谱长编》上册，北京：人民教育出版社，1996年，第551—552页。

④手稿，转引自高平叔：《蔡元培年谱长编》上册，北京：人民教育出版社，1996年，第552页。

⑤蔡元培致吴稚晖手札，转引自高平叔：《蔡元培年谱长编》上册，北京：人民教育出版社，1996年，第552—553页。

⑥高平叔：《蔡元培年谱长编》上册，北京：人民教育出版社，1996年，第568页注释9。

⑦蔡元培致吴稚晖手札，转引自高平叔：《蔡元培年谱长编》上册，北京：人民教育出版社，1996年，第

553 页。

⑧同⑦。

⑨蔡元培致吴稚晖手札，转引自高平叔：《蔡元培年谱长编》上册，北京：人民教育出版社，1996 年，第 554 页。

⑩同⑨。

⑪手稿，转引自高平叔：《蔡元培年谱长编》上册，北京：人民教育出版社，1996 年，第 554—555 页。

⑫蔡元培致吴稚晖手札，转引自高平叔：《蔡元培年谱长编》上册，北京：人民教育出版社，1996 年，第 558 页。

⑬高平叔：《蔡元培年谱长编》上册，北京：人民教育出版社，1996 年，第 567 页。

⑭《〈学风〉杂志发刊词》，载《蔡元培全集》第 2 册，北京：中华书局，1984 年，第 335—341 页。

谋划教育：从世界社到华法教育会会长

李石曾推动的第一个重要组织机构，就是世界社。

对于理解蔡元培的留法时代而言，了解中国人留法史的整体背景很重要；而要理解那代留法学人，李石曾的筚路蓝缕与开辟性工作则可谓是至关重要。因为李石曾不仅因其特殊家世背景和生性因素，开启了中国现代史上赫赫有名的无政府主义思潮的法国传播路径，而且深刻影响着未来的留法学生史的发展，无论是俭学会的创立，还是勤工俭学运动的轰轰烈烈。对于那代人留法时代与无政府主义的关系，西方学者这样总结道："巴黎团体 1906 年组成'新世界社'，1907 年开始出版自己的刊物《新世纪》，这个刊物持续了相当长的时间(三年)，共出了一百多期，它用世界语 La Tempoj Novaj 作副标题，这可能是模仿琼·格拉佛创办的‘Les Temps Noeaux’的形式。这个团体的名字及刊物就表明了巴黎无政府主义者的倾向。这是一个在20世纪第一个十年初期经受了苦难的洗礼、从事革命运动的知识分子群体。李石曾是这个团体的精神灵魂，他从1902年起一直住在巴黎，很早就开始表现出了一种无政府主义的倾向。他研究生态学，在巴黎时与法国无政府主义地理学家哀利赛·邵可侣一家过从甚密，他选择无政府主义道路可能就是由于这个原因。吴稚晖是负责出版《新世纪》的主要人物，他很早就参加了中国和日本的激进爱国运动。”[①]这一叙述，非常清晰地描绘出留法精英形成新世纪团体的法国渊源，而且明确无误地指出这个团体的核心与灵魂是李石曾。

但世界社这一名称似乎为不同时候所运用。譬如1912年李石曾在上海发起组织世界社；到了1915年，李石曾又联络吴稚晖、张静江、汪精卫、陈璧君、褚民谊、谭熙鸿、蔡元培等人在法国成立世界社。蔡元培起草《缘起》，后改为《世界社之意趣》发表，称“同仁就学异国，感触较多，欲从各方面促进教育之准备，爰有世界社之组织”。要求“致力于世界之文化”，希望“能与世界学术家比肩”，更坚定信念：“吾人诚自甘于淘汰则已，否则舍急起直追，参加于学术之林，宁有他道!”当然，李石曾等人所涉猎的范围要远比诸如德里克所概括的要广泛。正如李石曾夫子自道的“世界社的各项事业”：

一、著述与出版事业。如民国纪元前六年在法国刊行之各项书报，始于巴黎之《世界》年刊，《新世纪》周刊，《新世纪丛书》……后更有《旅欧教育运动》，《旅欧》周刊等；又如音乐戏剧科学诸书或已琐谈及之，或另待专述。至于数十年来国内出版者，直接间接之各种书刊数字之多，不可胜记，另待《谈出版》中言之。

二、学术与研究事业。开始于“化学研究所”“大豆研究所”，国父曾在法参观而论述者，（见《谈发现》）与世界社同时成立，后经合并于“中法大学”“北平研究院”“中国国际研究院”等，过去者在法开始，南美孟都今尚有之；前在上海，尤在北平为最盛时期。

三、教育与文化事业。国外之留学运动如“俭学会”，“勤工俭学会”，“海外大学”等；国内外之“中法大学”，“稚晖大学”等；国内之各项教育文化机关：如上海之“世界学校”、“图书学校”，北平与郊外之“孔德学校”，“法文专修馆”，“戏曲学校”，“西山学校”，“温泉学校”，及七十农村小学等。他如学会，研究会、社、所、院、图书馆，重文馆(文艺与文献)等不可胜书。

四、社会与经济事业。如互助社，合作社，医院，农村组织，工厂，公司，路矿，银行等，亦在在皆是；海外之“通义公司”，“通义银行”，“豆腐公司”等尤与革命运动，教育运动，建设运动均有密切之关系，有待于专述。[②]

如此庞大的事业，让人真是咋舌不已。但李石曾是一个只问耕耘、少问收获的人，其雄心壮志固然让人叹为观止，但在操作中却并不是那种有板有眼、循序渐进之管理者，所以和张静江那种经营能力是无法相提并论的。但这里至少需要明确区分的是，李石曾、张静江、吴稚晖、蔡元培等人，虽然在外界往往被视为一体，彼此也多所呼应，但并非是铁板一块，其中各有自家的事业之安身立命处。所以，蔡元培在世界社事业中绝对不是主角，而只是配角。就其居法时代来看，由蔡元培自己全力推动，并且即将胜利在望的，恐怕也就是中途而废的《学风》杂志创办事业。1913 年，蔡元培因国内政治原因而毅然远隐，希望重新开始自己的学徒生涯，乃有留法选择和《学风》杂志的筹办。可惜的是 1914 年一战爆发，则为这种可能性基本画上了终止符。《学风》事业的挫折，使得蔡元培转而有可能更多地介入到李石曾为主导的各项事业中去。

相比较世界社的漫无际涯，华法教育会要显得相对实在，而且就借助政治背景而推进文化事业来说，符合李石曾原来想推进的思路，成了中、法双边的常态工作。应该说，这一设计本身是高明的。

蔡元培出任华法教育会中方会长。1916 年 3 月 29 日，华法教育会发起会在巴黎自由教育会会所举行。法国人穆岱做了个简单发言，随即由蔡元培演讲，这就是有名的《华法教育会之意趣》，在这篇演说中，蔡元培特别强调“法国自革命时代，既根本自由、平等、博爱三大主义，以为道德教育之中心点，至于今且益益扩张其势力之范围”。引用欧乐之论述，谓：“法人之理想，不问其为一人，为一民族，凡弱者亦有生存及发展之权利，与强者同。而且无论其为各人，为各民族，在生存期间，均有互助之义务，例如比利时、塞尔维亚、葡萄牙等，虽小在体魄，而大在灵魂，大在权利，不可不使占正当地位于世界以独立而进行”，推崇“其为人道主义之代表，所不待言”。至于具体论述到法国教育之发达，则说“夫人道主义之教育，所以实现正当之意志也。而意志之进行，常与知识及感情相伴。于是所以行人道主义之教育者，必有资于科学及美术。法国科学之发达，不独在科学固有之领域，而又夺哲学之席，而有所谓科学的哲学。法国美术之发达，即在巴黎一市，观其博物院之宏富，剧院与音乐会之昌盛，美术家之繁多，已足证明之而有余”。所有这些都是“中国所深欲以法国教育为师资，而又多得法国教育之助力，以促成其进化者也”。所以，蔡元培显然对华法教育会的成立寄予厚望，谓：“今者承法国诸学问家之赞助，而成立此教育会。此后之灌输法国学术于中国教育界，而为开一新纪元者，实将有赖于斯会”③。

这一由李石曾、蔡元培等起意联合法人创办的华法教育会(Societé Franco-Chinoise d'Education)，其主要宗旨在于“发展中法两国之交通，尤重以法国科学与精神之教育，图中国道德智识经济之发展”。虽是一个中法双方合作建立的组织，但其主导思路仍在中方。蔡元培演讲显然是主旨发言，之后由裴纳与李石曾宣布到会者、通信报名者名单。法方人数相当不少，大致包含了政治、教育和文化界人士，教育总长雷格列名其中，还有国会议员爱友、马莱亚、万桑等，大学教授如邵可侣、柏唐、南逵等；还有中学校长如伯第业、柏尔葛等；医生达尼斯、音乐剧欧思东、作家沙尔伯等，法方人员有三十二人之多，可谓名流荟萃了。中方人数也不相伯仲，达到三十人，列名则有方君瑛、吴玉章、吴稚晖、汪精卫、李石曾、李汝哲、李晓生、李圣章、李广安、李骏、余顺乾、范淹、姚蕙、徐海帆、陈冰如、陈子英、张溥泉、张静江、张惠民、张秀波、张竞生、陆悦琴、曾醒、彭济群、褚民谊、黄仲玉、齐致、谭仲逵、梁耀霭、蔡孑民[④]。如果考虑到其时身在异国他乡的背景，有此规模则是很不容易了。

当然，既然是一个组织，选举出执掌会务的核心人物则最为关键。最后推选出会长两位，一中一法，以示平等。蔡元培任中方会长，欧乐任法方会长。其余副会长、书记、会计等设置均按照中、法平等原则。副会长为：汪兆铭(中)、穆岱(法)；书记为李煜瀛、李圣章(中)，裴纳、法露(法)；会计为吴玉章(中)、宜士(法)。

不要以为这仅仅是一张徒具形式的名单而已。验之以事实，就知道这个组织其实是为事而设，因为旋即在4月3日，就以华法教育会名义在巴黎开办了华工学校，蔡元培自己担任考录学生的考官。录取王文元、白梦林、李友三等二十四人为第一批学生，授课老师则多为华法教育会成员，如米什、欧思东、李麟玉、李石曾、徐海帆、夏震声等，课程开设有法文、中文、算学、普通理化、图画、工艺、卫生、修身等[5]。李石曾计划很细心，有编写成人教育教科书的组织，所以蔡元培自己也亲自编讲义，其《华工学校讲义》是很有影响力的文献。

同样在4月份，蔡元培、汪精卫等磋商后，推荐李石曾为代表，用华法教育会的名义与法国招工局洽谈，签订招收华工的合同，为该局代招华工赴法。之后，派李广安归国，前往广西、云南等省招募华工，由“华法教育会蔡元培、汪兆铭、李煜瀛具名，致函各省行政机关，说明华工赴法，对国家和人民均属有利，云：‘此事之裨益于我国人者有三：一曰扩张生计。……二曰输入实业知识。……三曰改良社会。……稍一不慎，亦复易滋流弊。其最重要者有二：一曰受彼不平等之待遇。……二曰招彼国工人及普通社会之嫉视。……”[6]

6月22日，华法教育会成立大会在巴黎自由教育会所举行。法方会长欧乐演说词称：“中华民国与法兰西民族相同，皆欲以教育为要务。诸君欲为真正之革命，非仅易其衣表，实更易其身心；非但求中国之益，实求人道之益也。诸君为此高谊之行为，而求助于法国，因其有改革之经验。然华法教育会之助中国，亦即所以助法国也。”[7]法方书记裴纳报告了筹备期间临时干事会工作事宜等。这次正式大会最重要的任务，则是通过了《华法教育会大纲》，共 18 条，对该组织的宗旨和具体事宜做出了明确的规定，强调“在发展中法两国之交通，尤重以法国科学与精神之教育，图中国道德、智识、经济之发展”[8]。基本上仍是借他山之石以攻玉的思路，将中国自觉定位在一个学习者的角色上。

在蔡元培等始作俑者，对华法教育会的期待是很大的，并不仅仅是上述的实际性工作，更是把法国教育作为人道主义教育的典范加以输入，所是将法国学术引入中国教育界，乃至希望“开一新纪元者”，恐怕都非虚语。确实，华法教育会成立之初，颇是囊括了中法教育学术乃至政界的一批名人出任职务，并且有很高的目标，希望达到的目标有三大部分：

(1) 哲理与精神之部分：以传达法国新教育为务，

如编辑刊印中、法文书籍与报章亦其职任。

(2)科学与教育之部分:

(甲)联络中法学者诸团体;

(乙)创设学问机关于中国;

(丙)介绍多数中国留学生来法;

(丁)助法人游学于中国;

(戊)组织留法之工人教育;

(己)在法国创设中文学校或讲习班。

(3)经济与社会之部分:其作用为:发展中、法两国经济之关系与助进华工教育之组织,以法兰西民国之平等、公道诸谊为标准。[9]

所以,蔡元培的演说,也是一力秉承这一推崇法国文明的思路,然则丝丝入扣、层层逼近,从留学之必要说起,到法国教育之优良、科学之高深,再到俭学手段之必要、预备学校之方便,娓娓道来,可见蔡校长"循循善诱"之功。这里仅就其"法国文明观"略加阐释。蔡氏留德,有所谓"世界学术德最尊"之语;但此时其观点略有变迁:"吾国人恒言各国科学程度,以德人为最高。

同人所见，法人科学程度，并不下于德人。”这一判断，很重要，这说明蔡氏因先后留学德国、留居法国，其文明观与学术观已经因亲历而略有更变，不再持“德最尊”之说。接着，他又具体分析德法学术之具体差异：“科学界之大发明家，多属于法。德人则往往取法人所发明而为精密之研究。故两国学者，谓之各有所长则可，谓之一优一劣则不可。”蔡氏此说，作为一家之言则可，作为真理则不可。其时在 1917 年，德国大学经过 19 世纪初以柏林大学为代表的改革运动，到 19 世纪中期已明显在世界上占有领先地位，拥有多所世界第一流的高等学府。柏林大学更是长期以来享有世界性声誉的名校[10]。高等教育的发达，也促进了德国社会经济的发展，增强了德意志的国力；而德意志国家的统一，也促进了大学的进一步发展，使得德国成了当时世界科学的中心。第一次世界大战前德国大学处于鼎盛时期，也是“近代世界高等教育发展的巅峰”[11]。即便是在第一次世界大战后到 1933 年纳粹上台前，德国大学及其科学水平仍是领先于欧洲其他国家的。以诺贝尔自然科学奖为例，从

1918—1933 年，德国获奖者为 14 人，英国为 10 人，法国为 3 人，美国为 4 人[12]。德国的学术无疑是居于世界中心，而法国是无法相比的。

但如此举证，并非是说蔡元培在“夸大其词”，或者“瞒天过海”。因为作为北大校长与学界领袖的蔡元培，既要引领中国思想、教育与文化发展的潮流，所谓能“预流”，同时也不得不受制于“现代中国”的现实语境，其发言论说有时必须是“别有用心”。其时在 1917 年，中国已加入协约国，与德国分属两大阵营，这势必要影响到原有的“德国情结”。而关键更在于，此时德国的形象与作为，与蔡元培的基本思路格格不入。在蔡氏看来：侵略性的德国军国主义与法国人道主义是相对立的，德国军国主义要求称霸世界的要求是对世界和平的威胁。这种采用从尼采发展而来的弱肉强食理论将会导致弱者的灭绝，这种政治不是人类的进步，而是人类的衰落和退化。所以要保卫世界和平，就应该加强弱者反对强者的斗争并灭绝军国主义[13]。

正是在这个意义上，“法国文明”作为一种素获好评的“思想传统”，就自然成为蔡氏心目中的“理想资源”，所谓“其教育界思想之自由，主义之正大，与吾国儒先哲理类相契合。而学术明备，足以裨益吾人者尤多”[14]。当然，同样难免被从一种略微“夸大”的意义上呈现出来。这样的标的确实太高，连法国人自己也说这样的计划，“范围至广”，而“此种事业，必不能免困难”，但转而强调“吾人之所固知，然必可胜之而不畏也”，举例说明，“欧战之前，德国已设大学于青岛，欲得结果，则牺牲亦巨。美国以六十兆之赔款，为助中国学生留学于美之经费，吾人纵不要求若大之牺牲，然亦深望法人之欲传达法国精神与物质者，有以助之也”[15]。这可就多少是有些“明知山有虎，偏向虎山行”的味道了，然而就其实际来看，“华法教育会”所主导的“留法勤工俭学运动”，主要还是靠中方的努力，日后的“中途而废”，与此也是大有关系。

大致说来，作为华法教育会会长的蔡元培，其名义大于实际。但投身于这样一种自身所处外国文化与知识场域之中，并与彼邦精英进行积极互动而服务于本国事业发展的思路和热情，则无疑值得充分肯定，这也表现出那代知识精英的胸怀、气度与活动能力。

注释

①[美]阿里夫·德里克：《中国革命中的无政府主义》，孙宜学译，桂林：广西师范大学出版社，2006 年，第 75—76 页。Les Temps Noeaux 应为法语 Les Temps Nouveaux，意为“新时代”(亦可译为“新世纪”)。查原文，Dirlik，Arif：Anarchism in the Chinese Revolution. Berkeley，Los Angeles & Oxford：University of California Press，1991. p. 81. 这里的题目明显就是袭用法国《新世纪》(Les Temps Nouveaux)的现名，后者的创办和发展情况可参见 Grave，Jean：Quarante Ans de Propagande Anarchiste(无政府主义宣传四十年). Paris ：Flammarion，1973. p. 337 à 353. 琼·格拉佛就是本文提到的格拉夫。

②《谈世界社》，载《李石曾先生文集》下册，台北：中国国民党党史委员会，1980 年，第 41—42 页。李石曾

的秘书钱直向曾开列出李氏一生所经营的事业多项，朱敏达提供的钱直向手书复印件。

③蔡元培：《华法教育会之意趣》(1916年)，载陈学恂主编：《中国近代教育史教学参考资料》中册，北京：人民教育出版社，1987年，第516—518页。

④高平叔：《蔡元培年谱长编》上册，北京：人民教育出版社，1996年，第600—601页。

⑤高平叔：《蔡元培年谱长编》上册，北京：人民教育出版社，1996年，第601页。

⑥高平叔：《蔡元培年谱长编》上册，北京：人民教育出版社，1996年，第606—607页。

⑦高平叔：《蔡元培年谱长编》上册，北京：人民教育出版社，1996年，第608页。

⑧同⑦。

⑨《华法教育会大纲》，载陈学恂主编：《中国近代教育史教学参考资料》中册，北京：人民教育出版社，1987年，第527页。

⑩为纪念洪堡，改称柏林洪堡大学。

⑪转引自贺国庆：《德国和美国大学发达史》，北京：人民教育出版社，1998 年，第 182 页。

⑫贺国庆：《德国和美国大学发达史》，北京：人民教育出版社，1998 年，第 183 页。

⑬《蔡子民先生之欧战观》，载《新青年》第 2 卷第 5 号，1917 年 1 月 1 日。

⑭《发起成立华法教育会公启》(1917 年 4 月)，载《蔡元培全集》第 3 卷，杭州：浙江教育出版社，1997 年，第 74 页。另可参见《华法教育会之意趣》(1916 年 3 月 29 日)，载《蔡元培全集》第 2 卷，杭州：浙江教育出版社，1997 年，第 380—383 页。

⑮辈纳：《华法教育会临时干事会报告》，载陈学恂主编：《中国近代教育史教学参考资料》中册，北京：人民教育出版社，1987 年，第 525—526 页。

华工事业：《华工学校讲义》

华工事业乃是现代中国国际化进程中可圈可点的大事件，而相对于常规进行的商业活动中的华工输出，参与第一次世界大战的华工更是承担了特殊的历史使命。何其有幸，蔡元培等那代留欧精英得有机缘与这些出身贫贱却又皎皎不凡的群体相接触，他们的碰撞产生了无数的思想火花，但毕竟这是两个从教养到习惯都相差很大的群体。那么，蔡元培等人究竟该如何应对这些“下里巴人”的多种诉求？

当初蔡元培、李石曾、吴玉章等起意联合法人创办华法教育会(Societé Franco-Chinoise d'Education)，其主要宗旨在于“发展中法两国之交通，尤重以法国科学与精神之教育，图中国道德智识经济之发展”[①]。华法教育会所图者虽大，但也将华工教育列为自身的主要会务之一，所谓“组织留法之工人教育”是也[②]。1916 年 3 月 29 日发起组织华工学校，这一举措得到法国工部与教育部的赞助，除借给校舍外，还每年津贴 2 万法郎。为了推广在法华工教育，乃首先招收学生 24 人，开设师资班。4 月 3 日，蔡元培亲自考验新生；4 月 5 日，学校开学，蔡元培发表开学演说词，强调办校目的：

预计来法之华工，必有种种困难，不可不有人焉专任排除困难之任务，而此负排除困难之人，亦或受有几许之困难，且即使其人已能自脱此种困难，而于为他人排除困难之任务，尚未有所研究，则亦恐无以胜排除之任，故设此学校，以为研究华工来法排除困难之任务也。[③]

应该说，这一表述是很有理想主义色彩的。学校课程设有法文、中文、算学、普通理化、图画、工艺、卫生、修身以及工会组织等科。或由法国教员讲授，或由留法俭学生义务任教，而李石曾讲授卫生，蔡元培自己不但讲授德育课程[④]，而且动手编写讲义，内容关乎德育与智育，这就是日后多次被选收入教科书的《华工学校讲义》。这种情况很有趣，是时蔡元培在归国出长北大之前，有民国首任教育总长的政治/文化资本，年纪在知命之前；而李石曾更年轻，不过三十五岁。我们来看看蔡氏是如何面对华工“侃侃而谈”的，在讲义的第三节，他就提到了“公共卫生”问题，要求大家“毋唾于地；毋倾垢水于沟渠之外；毋弃掷杂物于公共之道路若川流。不幸而有传染之疾，则亟自隔离，暂绝交际。其稍重者，宁移居医院，而勿自混于稠人广众之间”[⑤]。这些道德要求并非空穴来风，而是有着极强的针对性，因为“华工住地与宿舍常常污物随地排放，极不清洁”[⑥]。而作为当事人的齐如山更有着非常真实的回忆和记载，提及他带着的豆腐公司工人坐火车赴法时的种种不文明习惯造成的苦恼[⑦]。所以，蔡元培会特别强调公共卫生伦理的相关性，即作为个体既受“公共卫生之益，则不可任意妨碍之”[⑧]，引古谚“千里不唾井”与孔子之言为据，篇幅虽短，道理充分。

这些问题，貌似人伦道德 ABC，但是放置到其时的具体语境，却还真的是不容小觑。蔡元培在这里向华工表述的伦理观，基本不出留德时代所编撰之《中学修身教科书》范围[9]，相比较之下，前者更为系统，而此处则更求浅显简洁。有《中国伦理学史》这样的学术著作垫底[10]，蔡元培伦理观的学术痕迹相当重，但当面对大多可能文盲程度的华工时，考验的可真是大学者“随风潜入夜，润物细无声”的本领。

1918 年时，到法国的华工大约在 15 万人左右，多数为山东省人，也有江北、安徽人，年龄多在 20 岁～40 岁之间。华工在法主要从事筑路、搬运、挖战壕、造军器等繁重劳役，大部分没有文化，不懂法语，在掌握法国先进工艺、生活交往方面，都觉得学习文化的必要。法国从本国利益出发，也希望对华工进行必要的教育。可惜的是，由于华工来法之势甚猛，第一批 24 名学生学习不到半年，就不得不投入接待华工、担任华工翻译的工作。但总体来看，初期的华工教育取得的效果是相当不错的，华法教育会临时干事会报告中赞扬：“学生进步之猛，实足为教员之荣幸，而为吾人始愿之所不及。”[11]如果精雕细刻，那么华工教育的实绩当远不止此；但作为一种社会运动和历史事件，其发展态势和速度往往远超出当事人的预计和规划。所以，与其仅仅将眼光局限于某个具体的课堂现场，还不如关注教科书的普及功用，由此而言，蔡元培编撰的《华工学校讲义》也就远超出了其作为上课材料的意义。

蔡元培自述在留学期间的撰述工作，诸如《中国伦理学史》、《哲学概说》、《石头记索隐》等都属“售稿”之列，但唯有《华工学校讲义》不同。这是为了承担义务而做的文化普及工作，最初并无出版发行的用意。所以，研究一下这部讲义的内容和纲领，我们可以想见当年的蔡元培，是以一种怎样的心态来面对身在异国他乡、面临枪林弹雨威胁的华工群体的。

就《华工学校讲义》的整体布局而言，德育三十篇，大约可分为公益、待人、修己、辨义四部分，具体言之则公益包括合群、舍己为群、注意公共卫生、爱护公共之建筑及器物、尽力于公益；待人包括己所不欲勿施于人、责己重而责人轻、勿畏强而侮弱、爱护弱者、爱物；修己包括戒失信、戒狎侮、戒谤毁、戒骂詈；辨义包括文明与奢侈、理信与迷信、循理与畏威、坚忍与顽固、自由与放纵、镇定与冷淡、热心与野心、英锐与浮躁、果敢与卤莽、精细与多疑、尚洁与太洁、互助与依赖、爱情与淫欲、方正与拘泥、谨慎与畏葸、有恒与保守⑫。智育十篇，则涉及文字、图画、音乐、戏剧、诗歌、历史、地理、建筑、雕刻、装饰十项人类知识门类。如果说后者是知识性的拓展的话，其重心显然还在前者，即如何将基本伦理观灌输给远适异国的华工同胞。华工远适异国，其实面临的是多重挑战，一者工人本身并非日后经过职业训练的熟练工人，而大多恐怕仍是农民阶层。这点豆腐公司的工人来源可做参考："所有工人，都是由乡村招来的青年，仅仅的在乡村小学念过几年书，对于世界上的知识，当然一点也没有。"⑬李石曾与齐氏兄弟经手亲自招募的小规模工人尚且如此，何况其他？所以他们本身在中国所接受的教育就是相当粗浅的,需要最初级阶段的启蒙;二者既适外国,尤其是法国(欧洲)这样的西方先进国家,则必然感到观念方面受到极大冲击,所谓“文化震惊”(cultural shock)是难免的,需要有一种知识和心理上的双重调试过程;三者华工毕竟还是要在法国的社会环境里生活工作、与法国人打交道很难避免,传授基本的社会伦理观与处世常识,也还是非常必要的。所以,对于蔡元培这样的教育者而言,他们要考量的,既有初级启蒙的知识性因素,但更要考虑实践操作的必要性与可能性,故此,伦理观问题呼之欲出。

在讲义的编排中,公益部分名列其首,所谓“凡吾人共同享受之利益,有共同爱护之职责”,首先明确基本原则,然后要求大家“顾公益之既成者,吾人当爱之;其公益之未成者,吾人尤不得不建立之”[14]。前者对大家注意公共卫生、爱护公共之建筑及器物皆有明确说辞;后者则举例说明兴建公益如兴学、建桥、修路之必要与值得表彰。

实际上,比较一下《中学修身教科书》的编撰思路,就可以知道蔡元培还是很有传道授业解惑的师者精神的，其原则当为区别对待“因材施教”。前者强调：“本书悉本我国古圣贤道德之原理，旁及东西伦理学大家之说，斟酌取舍，以求适合于今日之社会。”[15]仅谈论社会的第三章，就包括了总论、生命、财产、名誉、博爱及公益、礼让及威仪等六节。关于公益问题，虽然篇幅远较《华工学校讲义》为少，但在学理上则更深刻，如强调“图公益者，又有极宜注意之事，即慎勿以公益之名，兴无用之事也”，“又有以公益以沽名者，则其迹虽有时与实行公益者无异，而其心迥别”，“国民公德之程度，视其对于公共事物如何，一木一石之微，于社会利害，虽若无大关系，而足以表见国民公德之深浅”[16]。而在《华工学校讲义》里，更多的是关乎华工本身日常行为中应该注意的准则和具体公德问题。

作为教科书编写者，蔡元培也注意叙述的技巧，譬如在谈到“互助与依赖”两者之间的关系时，蔡元培首先就讲了一个故事，引用说：“西人之寓言曰：‘有至不幸之甲、乙二人。甲生而瞽，乙有残疾不能行。二人相依为命：甲负乙而行，乙则指示其方向，遂得互减其苦状。'甲不能视而乙助之，乙不能行而甲助之，互助之义也。"[17]借这个故事，很清楚地阐明了互助的意义，以及彼此该尽到的义务。如果说讲故事是面对底层群众的一个不二法门，那么介绍音乐、图画、戏剧、建筑、雕刻等仿佛是高端群体的艺术熏陶，但在蔡元培的讲义中，二者并行不悖。对华工这个群体，蔡元培丝毫没有在知识上轻视他们，譬如介绍图画称："吾人视觉之所得，皆面也。赖肤觉之助，而后见为体。建筑、雕刻，体面互见之美术也。其有舍体而取面，而于面之中，仍含有体之感觉者，为图画。"[18]不仅在原理上解释图画的成因，更进一步比较中西之不同，"中国画家，自临摹旧作入手。西洋画家，自描写实物入手。故中国之画，自肖像而外，多以意构，虽名山水之图，亦多以记忆所得者为之。西人之画，则人物必有概范，山水必有实景；虽理想派之作，亦先有所本，乃增损而润色之"[19]。这样既有原理的阐述，也有具体举例的解释，可以说充分照顾到华工的知识状况。总体来说，蔡元培的行文虽仍属"阳春白雪”，但他努力放下身段的普及热诚却是清晰可见。这是那代知识精英通晓世界大势后的“荦荦大者”，值得后来者认真体味和学习。

从“华工教育”到“劳工神圣”，这样一种由实践感知到理念提出的过程，对蔡元培这样的知识精英来说也并非可有可无。如果没有当初在异国他乡与这个底层群体的“亲密接触”，仅凭着当年的仕宦生涯，蔡元培恐怕很难达到日后标举“劳工神圣”的思想高度。

蔡元培日后提出过“劳工神圣”的观念，虽然他强调的乃是一个泛化意义上的劳工，所谓“凡用自己的劳力作成有益他人的事业，不管他用的是体力、是脑力，都是劳工”，但毕竟还是有所侧重，譬如对法国十五万华工一战贡献的肯定[20]。我们由此可以看出，以蔡元培等人为代表的知识精英已经在理论上认识到工人阶层的重要性，并把他们作为教育的对象，但在具体的教育内容与操作中，还是有所区分的。这既出于现实场域运作的种种制约因素考虑，也不排除知识精英本身在文化上“居高临下”的态度。而正是由于后者，以他们为代表的知识精英虽然开辟了良好的“沟通工人”的道路，但远远未臻佳境。故此一旦共产主义思潮以一种排山倒海的力量呼啸而至时，也就很容易获得工人阶级的认同，并成为压倒性的影响中国社会进程的革命性力量。

蔡元培的这段表述是很有意思的：“农是种植的工，商是转运的工，学校职员、著述家、发明家，是教育的工，我们都是劳工。我们要自己认识劳工的价值。劳工神圣！”[21]这当然是一个引申的大概念，但却是要凸显努力工作的价值所在，更是为了指向对另一部分社会分子的不满：“我们不要羡慕那凭藉遗产的纨绔儿！不要羡慕那卖国营私的官吏！不要羡慕那克扣军饷的军官！不要羡慕那操纵票价的商人！不要羡慕那领干修的顾问咨议！不要羡慕那出售选举票的议员！”[22]推崇劳动的价值，强调良心的平静，在蔡元培，显然是由华工运动推展到劳工世界，并进而给国人提出一种崭新的价值观乃至世界观。虽然缺乏系统的理论阐述，但这一思路，其实很值得重视。也不仅是蔡元培一人，李石曾、张静江诸君其实都有许多熠熠生辉的思想光区有待挖掘，这与他们长期居留欧洲，带有强烈的实践经验、海外阅历和远大抱负是密切相关的，但除了吴稚晖喜欢论述之外，其他人往往留诸文字不多，所以其思想光辉往往不彰，这是思想史的一份遗憾。

注释

①蔡元培：《华法教育会之意趣》(1916 年)，载陈学恂主编：《中国近代教育史教学参考资料》中册，北京：人民教育出版社，1987 年，第 516—518 页。

②《华法教育会大纲》，载陈学恂主编：《中国近代教育史教学参考资料》中册，北京：人民教育出版社，1987 年，第 527 页。

③郑名桢：《留法勤工俭学运动》，太原：山西高校联合出版社，1994 年，第 10—11 页。

④担任授课教师的当然远不止他们二人，担任法文课程的有米什、欧思同、黎乃德等；担任中文课程的有李

圣章、徐廷瑚、夏振声等。《华法教育会的成立及其活动》，载陈三井：《近代中法关系史论》，台北：三民书局，1994年，第209页。

⑤《华工学校讲义》(1916年)，载《蔡元培全集》第2卷，杭州：浙江教育出版社，1997年，第388页。

⑥田雪梅、鲜于浩：《旅法华工与留法勤工俭学生》，载《四川师范大学学报》(社会科学版)，第33卷第5期，第112页。

⑦参见齐如山：《齐如山回忆录》，沈阳：辽宁教育出版社，2005年，第83—84页。

⑧《华工学校讲义》(1916年)，载《蔡元培全集》第2卷，杭州：浙江教育出版社，1998年，第388页。

⑨是书分上、下二篇，上篇注重实践，下篇注重理论。上篇五章，分别讨论修己、家族、社会、国家、职业；下篇六章，分别为：绪论、良心论、理想论、本务论、德伦、结论。《中学修身教科书》(1912年)，载中国蔡元培研究会编：《蔡元培全集》第2卷，杭

州：浙江教育出版社，1998 年，第 74—167 页。

⑩参见蔡元培：《中国伦理学史》，北京：东方出版社，1996 年。

⑪同③。

⑫同⑧。

⑬参见齐如山：《齐如山回忆录》，沈阳：辽宁教育出版社，2005 年，第 82—83 页。

⑭《华工学校讲义》(1916 年)，载《蔡元培全集》第 2 卷，杭州：浙江教育出版社，1998 年，第 388—389 页。

⑮《中学修身教科书》(1912 年 5 月)，载《蔡元培全集》第 2 卷，杭州：浙江教育出版社，1998 年，第 74 页。

⑯《中学修身教科书》(1912 年 5 月)，载《蔡元培全集》第 2 卷，杭州：浙江教育出版社，1998 年，第 129—130 页。

⑰《华工学校讲义》(1916 年)，载《蔡元培全集》第 2 卷，杭州：浙江教育出版社，1998 年，第 412 页。

⑱《华工学校讲义》(1916 年)，载《蔡元培全集》第 2 卷，

杭州：浙江教育出版社，1998 年，第 418 页。

⑲《华工学校讲义》(1916 年)，载《蔡元培全集》第 2 卷，杭州：浙江教育出版社，1998 年，第 419 页。

⑳《劳工神圣——在庆祝协约国胜利大会上的演说词》(1918 年 11 月 16 日)，载《蔡元培全集》第 3 卷，杭州：浙江教育出版社，1998 年，第 464 页。

㉑同⑳。

㉒同⑳。

政治担当：与袁世凯、陈炯明等的交往和选择

民初的政治，真是具有一种混沌初开的景象。既有旧制度破灭后的死灰待燃，也有新图景将要喷薄而出的峥嵘气象。在那种环境之中，蔡元培这样的精英人物确实难辞重任，可究竟该如何才能给新建的共和国一个立万世之久的制度构建，却并不是如书生意气那般简单。美国虽然开创了一种范式，但毕竟它是万丈高楼平地起，历史简单清楚；而中国则不然了，它有着数千年的封建传统，想要一下子就能来个《独立宣言》之类的，可真的不那么简单。想让袁世凯来个华盛顿式的“潇洒挂冠去”，可他偏偏给你来了个“百日皇帝梦”。我们且来看在这种大时代背景下蔡元培的留法历程与政治的关系。

1912年9月，蔡元培毅然离国赴德，屈指算来，从1911年12月1日抵达沪上，不过也就是一年不到的时间而已。此际早已不复是民初开国时的战云密布、轰轰烈烈，但政争之潮正暗流汹涌、山雨欲来。蔡元培此时毅然求去，不仅是因为自己的品性高洁，也是考虑到其时政治场域的不可为之大背景。1912年在南京组建的临时政府，为了迅速取得全国统一而屈就袁世凯，蔡元培因其双重资本和人脉渊源，本想就此淡出政界，但却不能不应袁世凯之邀参与北京政府。但很显然，袁世凯的行政方式与人格态度，皆非蔡元培所能接受，所谓"理想与事实，积不相容。受事以来，旅进旅退，毫不能有所裨益"，所以"屡欲提议辞职"[①]。最后终于借着唐绍仪辞职的机会，蔡元培、王宠惠、宋教仁、王正廷等人都一起求去，其时的政治家，真是有一种理想主义的情怀和风度。但出乎蔡元培意料之外的是，形势之发展急转直下，并不容得他能"逍遥世外"。

并不是每个人都像蔡元培这样有着"退则遨游读书"的潇洒劲头，若真是这样，袁世凯这样的政客巴不得致送丰厚程仪，从此把持权力可以高枕无忧了。譬如同为党人的宋教仁(1882—1913)，就有着强烈的宪政情结，他试图通过竞选的方式来组阁行政，既实现自家的政治理想，同时也实践民主政治的权力更替方式。他辞去总长的职务，为的可不是退隐出政治江湖，而是为了更大的权力目标。这样一种选择，当然不容于袁世凯，更不幸的是，宋教仁还是一个美式民主政治的高手人物，他改组同盟会，联合统一共和党等小党组成国民党，在国会选举中大胜。这种胜利当然不能为袁世凯所容忍，就使用了旧政治的游戏手段，在肉体上消灭对手。刺杀宋教仁案的爆发，可谓是现代中国制度发展的关键性转折，因为这开启了民主制度内部暴力夺权的先例。1913 年 6 月蔡元培因此应孙中山之召归国，旋即参加“二次革命”；1913 年 9 月，因二次革命失败而赴欧，10 月抵达法国。这样算来，从 1913 年 6 月去国—1916 年 10 月离法，这次留法约三年半左右。1914 年“一战”爆发，所以蔡元培几乎亲历了“一战”的一半历程。

20世纪第一个十年国际政治的变化和中国政局的激荡，是交相呈现、彼此关联的。对于因陈时势、风云际会的蔡元培那代人来说，绝对不能脱离此种背景来考察和理解。后世多半将蔡元培作为一代教育家和文化巨子来理解，但究其事实，蔡元培的根本身份仍是官员，他是晚清官僚体系中的一分子，虽然是清高身份出身的翰林，但不能摆脱其作为官僚的根本属性；而在民国时代，他虽然鼎鼎大名，尤其是以北大校长的身份而赢得近乎众口一词的高度赞誉，但仍然无可否认的是，他是一个政治人物，他之所以能呼风唤雨，甚至为文化、教育、学术做出重大贡献，都和他拥有前清翰林、反满斗士、民初元勋的政治地位密不可分。

所以，即便是日后人们津津乐道的北大校长任命，也脱离不了在这样一个官场逻辑中来理解。其时的教育部长是范源濂（1875—1927），这正是当年蔡元培出任民国首任教育总长时力邀就任的副总长，蔡氏的政治逻辑很简单，正如他两次亲访范源濂所言：“现在是国家教育创制的开始，要撇开个人的成见，党派的立场，给教育立一个统一的智慧的大计。”[2]所以范源濂也为蔡元培的大局观所感动，毅然以共和党人身份而出任副手。范源濂和蔡元培之间有过一个有趣的争论和比喻[3]，蔡元培自己有很形象的回忆：“我与次长范静生君常持相对的循环论，范君说：‘小学没有办好，怎么能有好中学？中学没有办好，怎么能有好大学？所以我们第一步，当先把小学整顿。’我说：‘没有好大学，中学师资那里来？没有好中学，小学师资那里来？所以我们第一步，当先把大学整顿。’把两人的意见合起来，就是自小学以至大学，没有一方面不整顿。不过他的兴趣，偏于普通教育，就在普通教育上多参加一点意见。我的兴趣，偏于高等教育，就在高等教育上多参加一点意见罢了。”[4]这一思路当然本之于“鸡—蛋”之间的复杂二元关系，究竟是先有蛋后有鸡，抑或先有鸡后有蛋？这恐怕连世界上最聪明的人都难以回答，所以蔡元培与范源濂的这个官司恐怕终究难得正判。有趣则在于，蔡、范二人虽然立场不同，但却并不党同伐异，而是相互欣赏、彼此引荐，都在民初教育史和政治史中扮演了重要角色。

袁世凯作为民初首任大总统，其政治史意义毋庸置疑，可蔡元培为什么不愿意与其发生密切联系？这种关系，其实早有渊源，即便在蔡元培挂冠而去，再度留欧之际，也还是如影随形。这就是政治运作逻辑的无奈。

如果说陈炯明是当时南方政界的巨头，那么袁世凯无疑执北方权力之牛耳。又何止如此，作为一代枭雄的袁世凯，是其时历史背景中真正有实际权力和影响力者，无论从哪个意义上来说他都是绕不过去的大人物。而作为中华民国的首任正式大总统，他本可以为中国开天辟地，建设一个真正具有范式性意义的永久性政治制度。无论君宪、民宪，都理当成为可能的选择，可惜他偏偏不审大势，成为全民指责的窃国大盗，人人喊打的“过街老鼠”。不过，如果除去后世加上的过多粉饰和宣传色彩，还原其历史语境，袁世凯仍是一个值得认真对待的历史人物。

蔡元培对袁世凯当然不陌生，且不说作为戊戌变法期间亲历者的观感；即便是在留德时代，他一旦听说袁世凯被清廷启用为湖广总督时，本来因为武昌起义而“为之喜而不寐”，但立刻就因为这个消息而感到沮丧，“十分乐天观，生一顿挫”，具体原因就在于对袁世凯的判断：“袁世凯必不至复为曾国藩，然未必肯为华盛顿，故彼之出山，意在破坏革命家，而即借此以自帝。”[⑤]可惜，这一远在万里之外的预言竟然不幸言中，几年之后袁世凯的运作轨迹竟不出蔡氏所料。但蔡元培却不得不在归国参与创建南京临时政府之后，担任迎新总统袁世凯南下的专使，这虽是受命于艰难，但就其本心而言，其不愿则可想而之。

蔡元培书生意气十足，强调要按照共和原则行事，即在立法行政机关和被选大总统的关系方面，只能以个人就机关，而非机关就个人，所以，撰作敬告各界文：“故袁公之就职于南京，准之理论，按之时局，实为神圣不可侵犯之条件”[⑥]。可袁世凯何等手段，他表面上对专使团毕恭毕敬，极尽敷衍之事；但背地里早就暗中设局，由曹锟发动兵变，使得蔡元培、汪精卫这样的文弱书生很快就妥协让步，通电南京临时政府与参议院，称："北京兵变，外人极为激昂，日本已派多兵入京，设使再有此等事发生，外人自由行动，恐不可免。培等睹此情形，集议以为速建统一政府，为今日最要问题，余尽可迁就，以定大局。"⑦前后之发言两相对照，其变化之大可谓截然两人，终于让袁世凯达到了在北京建立政府的目标。

即便这样，蔡元培仍勉为其难地出任了袁世凯任命的首任唐绍仪内阁的教育总长，1912 年 4 月 26 日正式到北京的教育部视事。可好景不长，虽然其间主持召开全国临时教育会议，颇有一番破旧立新的气象，但旋即于 7 月 25 日离京南下。在此过程中，蔡元培曾亲到总统府向袁世凯当面辞职，袁表慰留说："我代表四万万人坚留总长。"蔡元培则答："元培亦对四万万人之代表而辞职。"这一思路，很能见出蔡元培对民主政治游戏规则的尊重和遵守，其胸中的块垒明确表达则是："今值总理辞职，国务院当然解散。元培窃愿遂我初服，自审所能，在社会一方面尽国民一分子之责任”[8]。这或许真的是道出了蔡元培的心愿，既不相合，则退一步于学术教育有广阔天空、可潇洒自如。

到了1913年因宋教仁案归国，蔡元培仍然不放弃自己的理想主义和共和原则，曾在国民党上海交通部的欢迎茶会上发表演讲：“吾党革命，本为大多数人民谋幸福，今仍当体察大多数人民之心理。现多数人民不主极端进取，然受人激刺，被人蹂躏，吾多数国民，必共抱不平。吾党只须以坚忍之决心，持稳健之步调，誓死缔造真正共和，则多数国民，必表同情，吾党自有战胜之一日者。吾同志诸公，处此危疑艰险之日，惟有运静细之心思，蓄坚实之力量，采取舆情，以维持大局，则民国幸甚。”[9]坚守民主原则，必须以身作则，蔡元培的这一表态就原则来讲至大至宏，无可指摘；可国人毕竟有着数千年的权争传统，文化土壤岂一日之寒？在权力博弈的残酷现实中，南北冲突根本难以调和，不仅是袁世凯的“磨刀霍霍”，就是孙中山，此时也早已“痛定思痛”，立意开始走“武力正义”的道路。此时的蔡元培态度则鲜明，连续在《民立报》发表多篇文章，抨击袁世凯及其政府之失德，“自袁氏任总统以来，金钱收买，武力胁迫，使国会顿失其自由意志，业(也)为全国国民所公认”，认为战祸开启“当知罪魁祸首，实维袁氏”[10]。结局当然是袁世凯获胜，国民党人溃散流亡，蔡元培再赴欧洲游学。

1914 年 9 月 3 日，上海《时报》登了这样一条消息：“袁总统以汪兆铭、蔡元培二人虽隶属国民党，尚无煽乱实据，其富学问，现困于法，特饬汇四千佛郎接济。”蔡元培的留法时代，确实困窘。而这种经济生活上的困难，从卸任教育总长之际就开始了，所以蔡元培辞职是慷慨激昂，完了之后则不得不为稻粱谋。蒋维乔(1873—1958)说得清楚：“先生辞去教育总长以后，生活很苦，曾因听见有一个留学生的缺，便写信给教育部，要求派他出洋充留学生。当时部中如我等以为先生是前任教育总长，怎样好当作留学生？遂设法代筹点款，把这个留学生费给先生游欧，但名义上并不叫做留学生。”[11]出国之前谋款不易，出国之后经济困难更是留学生的基本常态。在这种背景下，袁世凯给他寄钱，当然是需要的，甚至可以说是“雪中送炭”的好事，求之不得。但蔡元培却处理得很有分寸和气节，1915年4月6日在致吴稚晖信中曾提及：“弟与袁世凯绝交，至分明，在彼亦不过笑弟为一迂儒，未必置于意中，……去春忽汇银三千于法国，云闻汪、李、蔡三君现状颇窘，以此相助云云。弟等既不愿用，亦不便却，商定请其移作《学风》杂志印费。”[12]这其中的中间人是朱芾煌(1877—1955)，他后来干脆给李石曾、汪精卫写了一封信：“顷因调任临清，照例入觐，昨见云台(袁克定，笔者注)，命致意两兄及蔡鹤卿先生，云总统极器重三公，对于三公前劝退位之电，亦甚相谅，深愿归国同襄危局……或归或否，敬盼回音，亦望径复云台一函。”[13]这其中的金钱与政治交易意味颇为明显。蔡元培是书生意气重，不过在这件事情上倒并未大发书呆子脾气，对于袁世凯这样的“不义之财”，他并未彻底地弃之如敝屣，而是用作办报刊，即便就政治手段来看，这也是高明的。因为生硬拒绝有时会被认为政治上的某种表态，据说袁世凯就是因为曾赠巨款给宋教仁而被婉拒才对其动了杀机，当然只是一说可备参考。

所以，我们理解蔡元培的留法时代，其时需要特别体会当时中国政治变革的重大背景，这些才是蔡元培这样一个重要的教育与学术领袖得以生存发展的基本面因素。像袁世凯这种居于领袖级别的政治人物，其喜怒哀乐与一言一行，确实很可能影响到整体的政治经济社会地图，各领域的领袖人物也很难与此没有关联。这种网链点续关系或是蝴蝶效应，是我们应该予以重视的。

对南方的革命党人，蔡元培当然是有一种惺惺相惜的感觉。孙中山的领袖手足之情，固不待言；与张静江、李石曾、吴稚晖等人的君子之交也是可圈可点；而与陈炯明、汪精卫的交往，也值得记述。当蔡元培等留法之际，陈炯明也来到法国，自然免不了要有所接触；而汪精卫几乎就是他们留法群体中的重要一员。

在留法时代，除了与像袁世凯这样的大腕人物“隔空过招”之外，近距离的“烹茶论道”也不是没有，即便不说蔡元培与李石曾、张静江、汪精卫等人的密切关系，就是一个陈炯明(1878—1933)也颇值提及。陈炯明是广东海丰县人，早年入私塾，1906—1908年入学广东法政学堂，毕业后筹办《自治报》并任主笔，旋即当选广东咨议局议员；后加入同盟会，多次参加起义。1913年6月出任广东都督，随即于7月18日宣布广东独立，并讨袁。陈炯明在孙中山反袁的二次革命过程中扮演了重要角色。但此后陈炯明属下师长苏慎初炮轰都督府，自立为临时都督，陈不得不逃亡。陈炯明的海外游历也颇有趣，先后往新加坡、欧洲等地留居，而在法期间则与蔡元培、李石曾等颇有交往。1915年12月，陈炯明重新回到广东，组织民军起义，1916年在惠州附近成立广东共和军总司令部，担任总司令。我们对陈炯明此人，一般都知道1922年所发生的陈炯明背叛孙中山事件，但考察历史事实，则有其特定的复杂语境与历史渊源。此处不赘。

我们不妨来看一看陈炯明的基本政治观，他是主张联省自治的，1921 年作《建设方略》一文，如此表述：“近世以来，国家与人民之关系愈密，则政事愈繁，非如古之循吏，可以宽简为治。一切政事皆于人民有直接之利害，不可不使人民自为谋之。若事事受承于中央，与中央愈近，则与人民愈远，不但使人民永处于被动之地位，民治莫由养成；中央即有为人民谋幸福之诚意，亦未易实现也。”[14]应该说，陈炯明是有自家的政治见解的，这种立基于民众的政治考量其实与以美国为代表的民主制度颇有异曲同工之妙。这种主权在民、民治为贵、地方分权的思路，必然导致与孙中山的政治观不合。陈炯明曾明显表现出对训政的不同意见：“训政之说，尤为失当。此属君政时代之口吻，不图党人袭而用之，以临吾民。试问政为何物？尚待于训耶！民主政治以人民自治为极则，人民不能自治，或不予以自治机会，专靠官僚为之代治，并且为之教训，此种官僚政治、文告政治，中国行之数千年，而未有长足之进步。国民党人有何法宝以善其后耶！徒使人民不得自治机会，而大小官僚反得借训政之谬说，阻碍民治之进行。”[15]其实一切冲突恐怕最后都会归结到观念上的冲突，意识决定行为，思想决定意志，这是我们在研究政治史中恐怕也要必须特别注意到的。所以，日后孙中山和陈炯明的矛盾爆发乃至背道而驰，利益因素甚或人事纠葛(诸如居间的胡汉民)固然很重要，但思想观念上的某些质性冲突恐怕仍为最根本因素。所以，我认为这段论述是颇能把握要义的：“孙中山与陈炯明生活背景不同，故对革命构想不一。孙中山以华侨身份，来往美日各国，及沪上租界，高唱‘北伐统一’。陈炯明起自乡里，由晚清‘谘议员’之尊，投身‘黄花岗’起义。文革武斗，力行实践，身当军政艰任，面对桑梓疾苦，陈氏本人及其率领的粤军官兵，对前述租界公寓内高谈阔论的革命领袖的所做所为，是颇难心悦诚服的，此为孙陈以后分裂原因之四也。”[16]

这里要凸显的，当然还是陈炯明的法国因缘，他对于留学法国显然是关心的，曾致函留法福建学生会：“持以毅力，出以苦心。”[17]对留学生的劳苦加以肯定和慰勉。他还曾转发法国驻广州总领事的照会，对留法学生的经费状况作出要求[18]。这恐怕与他自己的留法经验也不无关联。1914 年，陈炯明因为同样的二次革命背景，南下星洲，后又辗转至欧洲，到法国。1914 年 5 月 27 日，蔡元培致函吴稚晖：“此间自陈竞存到后，又提起出报问题，渠亦肯任经费之一部分，而于报之内容无所干涉，张、李两先生以商于弟，弟以此事尚为有益而无损，赞成之。”[19]显然，蔡元培是将陈炯明当作资助者来看待的。蔡元培与陈炯明之间进一步交往的材料，似还有待进一步挖掘。毕竟曾任一方都督的陈炯明，有着一方诸侯的地位，有着颇为现代的政治观，这种观念上的交往，对我们理解现代中国建构者那代人的理想与现实的差距其实颇多助益。总体来看，蔡元培旅欧时代与政治人物的往来，基本上浅尝辄止，处于被动应付的状态，但毕竟不可忘却的是，蔡元培之所以能在现代中国的学术、教育与文化领域大展身手，其根本点还是其携有的多重文化资本，尤其是来自官场本位的政治资本，这是不容忽视的。如果进一步追究的话，则其学术观、教育观的形成与其对现代政治、国家建构的基本观念究竟有何种关系，又与现代中国的制度建构的复杂历程产生了怎样的关联性，则无疑是研究中的上佳命题。如此说来，则蔡元培教育生命中的政治因素，尤其是他在复杂历史语境中与这些政治人物发生的关联、交往乃至观念的冲突与碰撞，就无疑是深值追索了。因为政治观是非常重要的因素，“袁世凯对正式的政治思想问题不太感兴趣，也不太敏感，这在其仕途生涯中被证明是一大致命弱点”[20]。而对于陈炯明，或许还是吴稚晖知人论世：“一身外竟能无长物，青史流传，足见英雄有价；十年前所索悔过书，黄泉送达，定邀师弟如初！”(1933年挽陈炯明联)那么，在袁世凯、陈炯明的政治观形成中，像蔡元培这类被各方面都深受推重的人物，能够做些什么，又究竟做了些什么，无疑是很有意义的话题。

注释

①《政府公报》公文第 61 号，1912 年 6 月。转引自周天度：《蔡元培传》，北京：人民出版社，1984 年，第 61 页。

②梁若容：《记范静生先生》，载《传记文学》，第1卷第6期。转引自周天度：《蔡元培传》，北京：人民出版社，1984年，第54页。

③范源濂，字静生，湖南湘阴人。早年毕业于湖南长沙时务学堂，后赴日留学，在东京弘文学院速成师范科、法政大学法政科攻读；1904年归国，1905年后任职于清廷学部，参与创办清华学堂，同时在京师大学堂任教。1912年后，先后任教育次长、教育总长等。1913年辞职任中华书局总编辑。曾任中华教育文化基金委员会董事、董事长。

④《我在教育界的经验》，载高平叔编：《蔡元培全集》第7卷，北京：中华书局，1989年，第197页。

⑤1911年11月18日蔡元培致吴稚晖函，载孙常炜编：《蔡元培先生全集》，台北：台湾“商务印书馆”，1968年，第1034—1035页。转引自周天度：《蔡元培传》，北京：人民出版社，1984年，第49页。

⑥蔡元培等敬告各界文，载《民立报》，1912年3月11日。转引自周天度：《蔡元培传》，北京：人民出版社

社，1984 年，第 51 页。

⑦谷钟秀：《中华民国开国史》，上海：泰东图书馆，1917 年，第 81 页。转引自周天度：《蔡元培传》，北京：人民出版社，1984 年，第 52 页。

⑧同①。

⑨《国民党交通部茶会纪事》（续），载《民立报》，1913 年 6 月 12 日。转引自周天度：《蔡元培传》，北京：人民出版社，1984 年，第 65 页。

⑩《民立报》，1913 年 7 月 23、25 日。转引自周天度：《蔡元培传》，北京：人民出版社，1984 年，第 66、67 页。

⑪《时报》，1912 年 7 月 17 日。转引自周天度：《蔡元培传》，北京：人民出版社，1984 年，第 63 页。

⑫转引自高平叔：《蔡元培年谱长编》上册，北京：人民教育出版社，1996 年，第 562 页。

⑬转引自高平叔：《蔡元培年谱长编》上册，北京：人民教育出版社，1996 年，第 563 页。

⑭《致西南各省电（1922 年 7 月 1 日）》，载陈炯明：《陈炯明集》下卷，段云章、倪俊明主编，广州：中山大

学出版社，2007 年，第 960 页。

⑮《中国统一刍议(1927 年冬)》，载陈炯明：《陈炯明集》下卷，段云章、倪俊明主编，广州：中山大学出版社，2007 年，第 1141 页。

⑯康白石：《陈炯明传》，香港：香港文艺书屋，1978 年，第 7 页。

⑰陈炯明：《致留法福建学生会函》，原载《旅欧周刊》第 68 号，1921 年 2 月 26 日，载段云章、倪俊明主编：《陈炯明集》下卷，广州：中山大学出版社，2007 年，第 556 页。

⑱陈炯明：《对欲赴法留学者的通告》，原载《广东群报》1921 年 3 月 18 日，载段云章、倪俊明主编：《陈炯明集》下卷，广州：中山大学出版社，2007 年，第 578—579 页。

⑲手札，见高平叔：《蔡元培年谱长编》上册，北京：人民教育出版社，1996 年，第 551 页。

⑳[美]斯蒂芬 R. 麦金农(Mackinnon, Stephen R.)：《中华帝国晚期的权力与政治：袁世凯在北京与天津

1901—1908》(*Power and Politics in Late Imperial China - Yuan Shi-kai in Beijing and Tianjin*, *1901—1908*),天津:天津人民出版社,2013 年,第 11 页。

俭学功业：主持和推动在法“留学教育”

当一战爆发之际，对蔡元培、李石曾这代怀抱理想主义的精英人物来说，实在是一个天翻地覆的挑战；如果说本国共和以后的可悲现状，让他们毅然选择退出政界，漂泊欧游；那么这套源自西方的理想模式，终于在其源头之处遭到了根本性质疑。应该说，这种时危艰难的环境，不仅是物质上的，更是精神上的重大挑战，在这种情况下，蔡元培究竟该如何应对？

1913 年，已经再度留德的蔡元培应孙中山之召，回国参加二次革命，旋即迅速兵败，再度去国赴法。可没想到的是，屋破偏又逢漏雨，1914 年一战爆发，欧洲也成了一个火药桶。而法国则因为与德国为敌国，更是首当其冲。蔡元培等人此时则不得不放弃理想主义，中断正积极筹备的《学风》杂志，开始“法境流亡”，可即便在这种危难时刻，蔡元培仍不脱理想主义情怀，放不下勤工俭学的事业。针对当时甚嚣尘上的归国潮流，蔡元培特别撰文《吾侪何故而欲归国乎——为旅法学界西南维持会所撰之通告》，开篇即明义：“吾同学暑假期间方为种种之预备，而列强忽然宣战；欧洲文化，暂隐于枪林弹雨之中。吾同学中遂有于此时期倡归国之说者，不知何所见而云然也。”[①]显然，蔡元培的立场很明确，不应该因为欧洲的战事而群起归国，他接着说了一番道理：

夫多闻多见，次于上智，观赜观动，乃知天下。此次战局，为百年来所未有，不特影响所及，人权之消长，学说之抑扬，于世界文明史中必留一莫大之纪念；而且社会之组织，民族之心理，其缘此战祸而呈种种之变态者，皆足以新吾人蹈常习故之耳目，而资其研究。故使吾人稍稍蓄好奇之心，有济胜之具，虽在闾里，犹将挟策裹粮，为泰西之游；而乃不先不后，会逢其适者，转谋引避，是何故耶？[②]

显然，蔡元培是在一个相当阔大的世界格局中来把握国人的留法事业的，他认为欧战乃是人类文明史上的重要事件，其中有极为可贵的经验和资源可以汲取，对中国人来说更是千载难逢的很好的学习机会，这是很高明的见地。但从另一个方面来看，必须承认的现实也是，战争既起，则硝烟弥漫，战火遍地，生命亦受威胁，法国人如此，在法之中国人岂能例外？法国境内的铁路公路、交通运输、邮电通讯等基础设施遭到严重破坏，当然也会影响到中国留学生；而且更重要的是，来自国内的汇款，则是留学生的“命根子”，也时常有中断之虞。对他们的日常生活有很大的影响。正是在这种关键性时刻，李石曾、蔡元培等人挺身而出，组织旅法学界西南维持会，一方面筹措经费，譬如代向中国驻法使馆借款，待战后归还；或向法国学校申请缓缴学费，待战后补缴；甚至规定每人的经费标准，即每人每月费用不超过70法郎。另一方面出面组织交涉求学机构，譬如集体安排俭学生到法国西南部尚未停课的中学或中等专业学校等继续学习③。这些措施应该说虽非极为有力，但已大大缓解了勤工俭学生的危机和急迫的归国潮，对日后勤工俭学运动的兴起有积极作用。用蔡元培的话说："归国之说，言之既不成理，而持之亦非有故，殆发于一时之感情，而决非审思熟虑而出之者。去留之间，关于学问之进退者甚大。愿诸同学审思而熟虑之，勿遽为一时之感情所动也。"[④]我们很难用明确的数据去测量去留之间对留学生的求学影响及其日后成就发挥的作用，但至少可以肯定的是，蔡元培之格局极为宏阔博大。

俭学会，乃至日后的勤工俭学的运动，其始作俑者都是李石曾。按照蔡元培的说法，"那时候李君所招呼的学生有两种：一种是留法俭学会的学生，每年家中还能备国币六百元的学费，由华法教育会替他安排，用得很省。又一种是勤工俭学会的学生，是只备赴法川资及一年旅费，到法后，第一年练习法语，第二年以后，就可进工厂做工，自给有余，晚间还可就学"[⑤]。一方面，我们确实要还原历史的真实，在法国语境中实践层面上长袖善舞、有规划、有组织、有成就的俭学运动者首推李石曾，但另一方面蔡元培等人的鼎力支持，包括在文字、授课、参与等方面的协助之功，也绝对不可忽视。除了像以旅法学界西南维持会的名义发表文章，阐明立场之外，对蔡元培等人在面对勤工俭学生时的“师长风仪”，吴稚晖有过颇佳的叙述：“出蒙达尔车站，……俭学诸君多吾国高识之士。故当日既开会，蔡君演题为《德儒康德之空间时间说》，其余兴又令余述中国新制音母之状况。……”[⑥]想象一下，在法国蒙达尔小城之中，中国留学生能群聆蔡先生演讲康德学说，该是何等令人羡慕的求知场景啊？

1915 年 6 月，蔡元培与李石曾等人在法国组织勤工俭学会[⑦]。我们要理解，从俭学会到勤工俭学会有一个过程，俭学会是早就有的，而且应归功于李石曾的发明。而勤工俭学会则发端于此际，乃是众人的拾柴火焰高。而其日后纳入华法教育会的活动框架则为其日后的蔚为潮流提供了基础。蔡元培在担任教育总长期间，就在实际运作上给予李石曾很多具体支持，按照李石曾自己的回忆：“那时我们推进留法俭学会工作，教育部拨借大方家胡同以前的师范学校，后改作国立图书馆临时馆址，馆经迁移，遂作为留法预备学校，很多留法同学经过其中的法文预备班”，其中包括郑毓秀、李润章(书华)、彭志云(济群)、徐海帆(廷瑚)等人，“留法俭学运动曾经盛极一时；至第二次革命失败，蔡先生离开教育部，汪大燮任教长，不久将校址由部收回，校遂解散，然不因此停止了勤工俭学，居家俭学，吴蔡两先生全家以身作则，乘日本三等船到英法实行‘苦学’之主张……”⑧这前后教育总长任期的比较，不难看出蔡元培对于俭学运动权力性支持的重要意义。而更值得指出的是，一般来说，我们将留法勤工俭学看成是五四以后的一种历史潮流，而且具有极大的特殊性。其实，我更倾向于将其看作一个相当长期的延续性事业，也就是说，这实际上是以李石曾为核心人物的一项事业。

应该说，华法教育会的组织设想与规划是非常好的，但理想与实践之间差距通常颇大，这一点也同样为华法教育会所证明。吴玉章曾对由蔡元培表述的华法教育会四点计划加以阐述，其最为强调的仍是第一点“扩张国民教育”，在吴的阐释下，其重要之途径为“留学教育”：

何谓“扩张国民教育”？我国甲午以前，留学外国者绝少；即壬寅、癸卯时代，于日本亦不过二三百人。其时爱国者盛倡自费留学，遍设招待机关，无何而留学日本者，数达二万以上。风气遂开，学说大变，而革命思潮遂滂沛而不可遏。壬癸以来，十余年耳，其思想之进化为何如？吾人试一回溯，能无隔世之感乎？今革命成功矣，革命事业非仅破坏已也，势必有极良之建设，而后革命之目的为得达。现我国政象之杌陧，民生之凋敝，言之滋痛，事皆因无术以善其后也。欲求利国福民之术，非学莫由。国内学术未备，势非留学不可。顾国人多欲留学东洋而鲜至欧西，虽限于经费，亦昧乎实情；或更误于日与我近适于国情之说，衷心以为日本亦一强国，苟能学步，亦足称雄。而讵知日人学术步武欧西……同人甚愿吾国青年目光注于全世界，勇猛精进，必穷究世界学术之精微，由自主的择一自信者而力行之，而后为不虚生于此二十世纪。留法俭学会之设，即欲为国人作求学之津梁也。⑨

吴氏这番议论，从 19 世纪后期的中国时势入手，追究中国发展的路向与形成之原因，不可谓不高屋建瓴。他所提出留学西方的选择，其标的指向当然是留法。正如吴氏所言，华法教育会在推动“勤工俭学”方面之作用不可忽略[10]，1917 年北京华法教育会成立并在教育部、内务部立案，1918 年前后，在该会推动下，各地纷纷成立分会、各种赴法留学预备学校先后创办，成“星罗棋布”之势[11]，这些因素直接导致了“几年之中，申请赴法青年达五百多名”，而到五四运动之后则“迅速超过一千五百多名”，1920 年人数为一千六百多人，出现了留法勤工俭学高潮。但高潮一至，问题也就随之而来，其实这也并不难理解，诸如安排住宿、介绍学校、联系做工、指导学习和生活都是非常具体而微的工作。虽然早期勤工俭学生到法国后，开始都由华法教育会照顾，帮助安排住宿，联系工作，安排学校等事。但这种事情在小范围尚可为，一旦来者汹涌如潮流，机构本身确实不易应付，所以后来随着留法生的增加，华法教育会便采取了不管不问的态度，留法青年要自找住处，自寻出路。在我看来，这种情形的变化，有其客观必然性，华法教育会可能有诸多问题，但恐怕到后来也不乏“非不为也，乃不能也”的因素，如此众多的勤工俭学生汹涌而来确实非其所能应付，华法教育会自己也说是：“关于介绍留学，今华法教育会惟有随其先进之前例而力行之可也。”如果说，这个时期留法学生能够坚持、接受考验的话，到了 1920 年下半年，则确实是遇到了严重的困难，此时一方面法国因一战后经济萧条、工人失业，所以对勤工俭学生采取了排挤政策，而另一方面华法教育会则没有很好地设法解决问题，甚至“火上浇油”，最后导致了北洋政府竟以财政困难为名，要求将留学生遣送回国。1921 年 2 月，留法勤工俭学学生代表会议在巴黎召开，要求“吃饭权、工作权、求学权”，揭开了“勤工俭学”向“共产主义运动”转变的序幕。此后，留法学生展开了一系列的政治斗争，而正是在这些斗争中，涌现出一批具有斗争意识、组织才能的知识分子，他们“通过留法勤工俭学的实际生活”，“初步认识到了资本主义制度的腐朽、反动，开始信仰社会主义和共产主义理论”[12]，1921 年以后，旅欧中国少年共产党和中国共产党旅欧支部的成立，标志着由“勤工俭学”运动向政治运动的转移。

客观地说，就早期情况看，华法教育会对勤工俭学运动是有很大帮助的。初时，华法教育会派 1~4 个工作人员，帮助初次来法的留学生，通常用半天游览马赛市容，然后乘夜间车往巴黎，再以十天游览巴黎，并决定留法的安身之计。随着人数的增多，华法教育会专门设立了一个“学生事务部”，其主要职责是帮助勤工俭学生寻找适当的学校学习，或找适合的职业做工，以及发放各省补助金，借贷和追回华法教育会单独发放的奖学金等繁杂事务；甚至还举办福利事业，诸如建立“救济互助会”的保险组织等，开办讲习会、演讲会、组织旅行游览等。这些，都颇受学生们的欢迎。但问题的另一面是，由于学生事务部掌握权力，如发放各省补助金和奖学金的权力，所以态度比较武断，常和学生发生纠纷乃至冲突，如把持华法教育会日常事务的刘厚、向迪璜等被学生称为“刘督军”、“向省长”，其蛮横傲慢可见一斑。而随着法国在战后通货膨胀的加剧，经济的恶化，勤工俭学生的处境也日益困难，华法教育会管理上的弊端也就日益暴露，诸如职员齐荣卿、李光汉(广汉)等贪污学生补助款等，后来又发生了雇佣流氓打击要求说法的勤工俭学生的事件。最为糟糕的是，在勤工俭学生面临极大困境的时候，华法教育会宣布停止向勤工俭学生提供经济援助，而且未拿出任何解决问题的办法[13]。这尤其表现在1919年5月由中国被派遣到巴黎的李石曾身上，他曾根据勤工俭学初期的成功，在国内发表自信的文章，说：“至于现在，则已有二百余勤工俭学生，分布于数十工厂。可谓多数人之试验，已成事实。尤可乐观者，则勤工俭学之事，不仅可以实行，且成绩之佳，尤非始愿所料”。志得意满之情，溢于言表。可一旦问题大了，他竟然回国去了。在勤工俭学生最困难的时候，没有一个勤工俭学的倡导者留在法国。难怪人家要说他：“李先生，人是好人，可惜做事，有头无尾。”[14]

这件事情最后的演化发展，反倒促成了旅欧共产主义运动的勃兴。但就华法教育会这一组织来说，却是起到了“无形破产”的效果。它最大的工作对象，勤工俭学生失去了对它的信任⑮。

所以总体来说，自 1917 年开始的留法教育，迅速地向着“勤工俭学运动”的方向发展。这与李石曾的悉心推动，以及蔡元培的鼎力支持是不可分割的。我们只要仔细考察蔡、李两君在此段时间的活动，经常可以发现他们活跃的身影，而其主题往往关于“勤工俭学”。自 1915 年李石曾在法策划发起“勤工俭学会”，至此只数年耳；但从一般意义上的“勤工俭学会”，到全国范围轰轰烈烈的“勤工俭学运动”，其间差距不可以道里计。蔡元培对勤工俭学运动基本上就是一个主要推动者和支持者，但并非最核心的人物，他可以借用其文化资本出任华法教育会会长，甚至在身当高位之际予以大力支持，包括后来出任北大校长后，借用北大的地利，1917 年 5 月 27 日以“留法俭学会”的名义重新开始了在北京场域的活动，当时身为北大校长兼华法教育会中方会长的蔡元培曾在会所典礼上发表讲话。不过话说回来，日后勤工俭学运动的结果确乎有些“南辕北辙”，完全向着当初主事者没有意想到的方向之发展，自然也引起其他精英人物的疑虑。譬如胡适就以一种"春秋笔法"表达了他的态度：

……谈及蔡孑民先生在法国受窘状，我听了很不好过。"留法俭学"一个运动真是无意识的盲动，我起初即不赞成，只因为提倡的人如蔡先生，如吴稚晖先生，都是绝好的人，或不致太坏，故我不曾明白的反对此事。去年留法俭学的黑幕已揭穿了，我才动手收集材料，想引起大家注意此事的非计；蔡先生听见此事，打电话告诉我，要我做成此文时先给他一看，然后发表。我答应了他，但不久我就病了，文章竟不曾做；况且蔡先生又往欧洲去了，既不能先给他看了再发表，我索性不做了。后来蔡先生在欧洲，也竟无法可挽救这许多学生，他大概到了不得已的时候，方才有那个"断绝经济关系"的宣告。这种不成办法的办法，自然不能有好结果。此事终当想一个解决的办法。[16]

留法俭学运动虽然有蔡元培、吴稚晖等人挂名，但说到底其中的核心人物是李石曾。胡适偏偏不在日记中明确提及李氏，或许正是因为两人之间的过往矛盾、以及胡适为自己名垂史册的考量心理在作怪[17]。但通过这段表述，我们也可看出，其时场域本身的复杂性。蔡元培明显扮演了一个居间调停人的角色，在各方冲突的矛盾中，能够有"协调剂"的作用。所以，蔡元培不但在留法期间确乎扮演了重要的留学生活动的组织人物角色，在旅法学界西南维持会的工作上诸多贡献，而且在勤工俭学运动方面也确实起到重要作用，绝对不可抹杀和低估。但相比竭尽全力以此为主要事业的李石曾，主要还是配角，这是我们应当还历史以真实的现场面貌的。

注释

①《吾侪何故而欲归国乎——为旅法学界西南维持会所撰之通告》，载《蔡元培全集》第2卷，杭州：浙江教育出版社，1997年，第298页。

②同①。

③参见鲜于浩、田永秀：《留法勤工俭学运动中的四川青年》，成都：巴蜀书社，2006年，第49—61页。

④《吾侪何故而欲归国乎——为旅法学界西南维持会所撰之通告》，载《蔡元培全集》第2卷，杭州：浙江教育出版社，1997年，第299页。

⑤蔡元培：《孑民自述》，朱鸿召编选，南京：江苏人民出版社，1999年，第62页。

⑥《吴稚晖先生全集》卷16，第201—206页，高平叔：《蔡元培年谱长编》上册，北京：人民教育出版社，1996年，第551页。

⑦高平叔：《蔡元培年谱长编》上册，北京：人民教育出版社，1996年，第583页。

⑧《谈吴稚晖蔡孑民两先生》，载《李石曾先生文集》下册，台北：中国国民党党史委员会，1980年，第113页。

⑨《吴玉章对华法教育会四点计划的解释》，载张允侯等编：《留法勤工俭学运动》第1集，上海：上海人民出版社，1980年，第82—83页。

⑩关于华法教育会和留法俭学会、留法勤工俭学会的关系，请参见[日]森时彦：《留法勤工俭学运动小史》，

郑州：河南人民出版社，1985 年，第 38—40 页。另该运动在五四前后的迅速开展，也与当时中国民族资本的支持有很大关系。上揭书第 41 页。

⑪当时的主要各地分会有：北京有华法教育会京兆分会、直隶第一分会；济南有山东分会；上海有上海分会；成都有四川分会；长沙有湖南分会；广州有广东分会；福州有福建分会；西安有陕西分会；等等。这些分会都有明确的会章、切实的组织机构和活动会址、大批会员等。而各地分会都千方百计办起了各种类型的留法勤工俭学预备学校，其中影响较大者有北京高等法文专修馆、高等法文专修馆长辛店分馆工业科、成都留法预备学校、上海留法勤工俭学预备科、布里村留法工艺实习学校、保定留法高等工艺预备班等。这些留法预备学校虽然在学制、招生对象、课程设置、校舍条件、师资水平、教学方法等方面各不相同，但都贯彻了实用原则，且具有留学预备学校和职业教育学校双重性质，即便青年后来不能赴法留学，但仍掌握了一定知识和技能，能参加职业工作。参见

李喜所：《近代中国的留学生》，北京：人民出版社，1987年，第263—270页。

⑫李喜所：《近代中国的留学生》，北京：人民出版社，1987年，第274—291页。

⑬参见[日]森时彦：《留法勤工俭学运动小史》，郑州：河南人民出版社，1985年，第96—102页。

⑭关于华法教育会和留法俭学会、留法勤工俭学会的关系，请参见[日]森时彦：《留法勤工俭学运动小史》，郑州：河南人民出版社，1985年，第38—40页。

⑮筱青：《华法教育会无形破产》，载《晨报》1921年9月30日。

⑯1921年7月15日日记，曹伯言整理：《胡适日记全编》第3集(1919—1922)，合肥：安徽教育出版社，2001年，第372—373页。

⑰关于蔡、李二人在勤工俭学上的关系，乃所谓“蔡氏在法各种运动，除作作文及以资望为各名誉职员外，实际事务，盖纯由李石曾氏为之尽力，蔡何曾过问?”天光(萧子暲)：《遣回勤工俭学生之真相》，载

萧三：《萧三文集》，北京：新华出版社，1983 年，第 249 页。

编辑刊物：《旅欧杂志》与文化转移问题

真正具有文化史意义的，是“旅欧教育运动”的兴起[①]。虽然中国人之践履欧洲，早在17世纪就已陆续有人，像澳门人郑玛诺、南京人沈宗福、福建人黄嘉略、山西人樊守义等都是，他们作为个体，随着传教士脚步踏入欧洲，并赢得了诸如伏尔泰、孟德斯鸠等知识精英的关注，但作为一种整体性乃至国家性的留学活动，则应当始自留欧船政生的派遣。而以个体之力，使得民间、政府之力合流，形成浩浩荡荡的旅欧教育运动者，则舍李石曾等人而不能为。

说起来，旅欧教育运动的兴起，其第一功臣，还真得仍然归于李石曾的名下，因为这位长袖善舞的世家子弟，正是以一种超越世俗的豪情与激情，建构起一种特殊的“石僧范式”，使得中法乃至中欧之间的文化、教育桥梁得以实质性架设起来。而蔡元培的意义，则在于以其名人身份和影响力，积极参与和赞助了这样一种知识交流进程。

这其中，有开华人饭店的筚路蓝缕，有办豆腐公司的匠心独运，但这些经济运作都是为了一种文化目标。在李石曾、张静江、吴稚晖、蔡元培等人的心目中，实现文化交流和创造，是比什么都重要的。所以，当一战之起，华工赴欧，最初的目的相当功利，不外乎是为协约国提供辅助性战力，但李石曾等人居然就借此掀起了轰轰烈烈的华工教育运动，当然这其中不排除美国基督教青年会的支持和留美学人如晏阳初等人的积极参与，但他们这批留欧学人的善于借势和积极主动性，也值得特别重视。以华法教育会的名义参与华工教育，乃至创办《华工杂志》，在在显示出这代人的努力。说到底，编印书刊其实还是为了华法教育会的根本目的服务，所以不外乎是有关留学教育与华工教育的内容，其目的则既在于宣传以扩大影响，也为留学生与华工提供信息服务。

这里想特别指出的是，1916 年 8 月 15 日，由蔡元培主编的《旅欧杂志》在法国都尔创刊②，此时仍在战火轰鸣的一战期间。相比较 1914 年刚到法国不久《学风杂志》的功败垂成，那么此期蔡元培即将归国，乃有《旅欧杂志》的再度创刊。再比较此间《华工杂志》的筚路蓝缕，可以看到办刊始终是那代人的核心关注。

《旅欧杂志》明白标示其宗旨为“以交换旅欧同人之智识，及传布西方文化于国内”，强调欧洲(其实主要指法国)的优点是：“一则因学理之发达，而精神物质之文明，乃进步而不已也；一则因民权之发达，而平民制度之基础，因以确立，切亦进步而不已也。”正是在这样的认识基础上，要“取其所感，以相质证”，不过这一杂志的内容，确实也还颇为丰富，将其栏目简列一表如下。

《旅欧杂志》内容简表[3]

栏目名称	主要内容
图画	搜罗科学美术富有趣味之图画，以精版丽彩印刷之
论说	以发挥本杂志之宗旨为范围
纪事	分世界大事、国内要闻、旅欧华人近况三门
通讯	遴登海内外诸君子之惠书、或赏奇文、或析疑义
丛录	纂集科学文学之鸿篇巨著，足以阐发真理，裨益社会者
杂俎	短篇佳制，可以浚神智、起兴味者，骈罗于此，俾读者得开卷之乐，收多闻之助

这一杂志定为半月刊，其出版频率不可谓低，而就栏目的丰富性和设置初衷来看，起点尤可谓高。正如《旅欧教育运动》一书中所表述的，要“述吾人旅欧者于教育事业之运动。不独道其源流，并述其组织范围，及其进行之方术：如书报之译著刊行；留学介绍之普及；华工教育之组织；在在皆是”。更满怀信心地宣称：“以后教育事业之进步，且将以此为方乘式之比例。”[4]华法教育会还办有《华工教育》，其宗旨显然与前者有所区

别，强调“以提倡勤、俭、学三者为宗旨”，突出的是“普通知识”，多用“白话与字母”，注重使华工既学汉语，又学西文[⑤]。确实，华工教育是华法教育会致力的另一项事业。但这两者又不是没有关联的，譬如蔡元培《华工学校讲义》的各篇，也是在1916年9月《旅欧杂志》第2期起陆续发表的[⑥]，所以我们会注意的，其实蔡元培的著述与当时的办刊情况也是关系颇密的。

当然必须指出的是，蔡元培在完成创办不久就启程归国了。因为9月1日他收到中国驻法使馆转来的时任北洋政府教育总长范源濂电报：“国事渐平，教育宜急。现以首都最高学府，尤赖大贤主宰，师表群伦。海内人士，咸深景仰。用特专电敦请我公担任北京大学校长一席，务祈鉴允，早日归国，以慰瞻望。启行在即，先祈电告。”[⑦]虽然各界对此意见纷纭，但蔡元培仍排除困难，于1916年底抵达北京，正式出长北大，抱定的是“以整理故都之学府，引为吾人共同之责任”[⑧]。当然，虽已离开法国，但蔡元培仍然心寄刊物，对《旅欧杂志》念兹在兹，在归国旅程之中，仍不忘寄稿，《旅欧杂志》第6期

(1916年11月1日)刊发其由钵赛致旅法同人书，报告安全状况；第9期(1916年12月15日)上就刊登了“蔡孑民先生来书”，报告了他舟行海上，在新加坡期间的游历情形，如与吴玉章一同拜访林文顺，并会晤林文庆、陈楚楠等人[⑨]。一方面，《旅欧杂志》可以作为沟通留欧学人的桥梁和媒体空间，但另一方面，也未尝不可说明在蔡元培心目中，对这份杂志是很有感情的。

文化转移问题。或许我们可以进一步说，《旅欧杂志》更集中地体现了蔡元培作为一个社会与知识领袖的担当，那个时代的人，当时代风气之先，不但能够走出国门，更可以超越简单的救亡启蒙任务之外，而对知识人的本位意识有更深刻的认知，这一点尤其表现在对于文明体关系和文化转移问题的思考上。他们虽然都还不是专门的文明学或文化学学者，但对于文明、文化问题的认知却大有思者气象，值得深入探究。

作为主编，蔡元培自然不能不有所贡献。其在《旅欧杂志》创刊号上发表《文明之消化》一文，篇幅不长，但却别具慧眼，与其日后撰写的《东西文化结合》等文构成蔡氏的文明观，就具有很重要的文化史意义，可惜后人关注不够。他开篇即说："凡生物之异于无生物者，其例证颇多，而最著之端，则为消化作用。消化者，吸收外界适当之食料而制炼之，使类化为本身之分子，以助其发达。此自微生物以至人类所同具之作用也。"[10]在这里，蔡元培已经非常明确地意识到生物界发展的通例，故此将人类、生物、微生物相比较，强调其共性因素的一面。对外界的促进作用，他也有明确意识，这就如同季羡林所言，"从古代到现在，在世界上还找不出一种文化是不受外来影响的"。但蔡元培这里特别强调的一个功能，乃是"消化"。

蔡元培是这样具体解释的："人类之消化作用，不惟在物质界，亦在精神界。一人然，民族亦然。希腊民族吸收埃及、腓尼基诸古国之文明而消化之，是以有希腊之文明；高尔、日耳曼诸族吸收希腊、罗马及阿拉伯之文明而消化之，是以有今日欧洲诸国之文明。吾国古代文明，有源出巴比仑之说，迄今尚未证实；汉以后，天方、大秦之文物，稍稍输入矣，而影响不著；其最著者，为印度之文明。汉季，接触之时代也；自晋至唐，吸收之时代也；宋，消化之时代也。吾族之哲学、文学及美术，得此而放一异彩。自元以来，与欧洲文明相接触，逾六百年矣，而未尝大有所吸收，如球茎之植物，冬蛰之动物，恃素所贮蓄者以自赡。日趣羸瘠，亦固其所。至于今日，始有吸收欧洲文明之机会，而当其冲者，实为我寓欧之同人。"[11]看到这段话，自然能够理解蔡元培的体大思精和视域开阔，他关注的显然是中国文化如何汲取外来文化而获得自身凤凰涅槃的可能，但却并非仅就中国论中国，而是纵横捭阖，古今中外，从广泛的世界经验中汲取精华。文明体之间的文化交互关系，是一个非常复杂、至今未能获解的根本性问题，诚如巴斯蒂提出的问题："尽管此前已有很多关于不同国家间在艺术、科学、文学、信仰、习俗和物质生活等方面彼此的联系、交流或影响的优秀著作，但有关不同文化之间的互动关系仍像一个谜一样的东西有待解开。"[12]

蔡元培此处从欧洲文化谈起，谈了希腊文明、日耳曼文明等形成中的外来资源作用，重心转而落在中国，又构建一个纵向的时代坐标，突出印度资源的他者作用，并分析这一进程，乃得出接触—吸收—消化三时代说。或者正可将此进程看作一个侨易过程，则其关注之主体则不仅有作为创生主体的中国，也有原像规定性因素的印度文明自身的迁移过程，更有观念自身的“混沌见道”因素。这且按下不表。进一步，其实蔡元培更清楚地意识到，中国文明的创生机会，不仅有二千年之佛教接触史，更有近六百年(乃至更长时段)的西学接触史，这一知识系统的出现与吸收、消化，不仅是对于相对孤立自生的中国文明的绝大挑战，同时也意味着绝大机缘。但他同时也意识到，就西学汲取而言，其实我们的吸收过程是相对缓慢的，无论是纵向比较对佛教的包容暗袭，还是横向比较欧洲精英对中国知识的敏锐和吸纳，在这轮西学吸收过程中我们其实是相对落后的。也就是到了19 世纪后期，因为被西人之船坚炮利所危迫，才真正地睁眼看世界；而对西方文化的深层汲取，则责无旁贷地落到每个真正有责任感的知识人身上。

蔡元培进一步在理论层面对吸收、消化的关系进行论述，“吸收者，消化之预备。必择其可以消化者而始吸收之。食肉者弃其骨，食果者弃其核，未有浑沦而吞之者也。印度文明之输入也，其滋养果实为哲理，而埋蕴于宗教臭味之中。吸收者浑沦而吞之，致酿成消化不良之疾。钩稽哲理，如有宋诸儒，既不免拘牵门户之成见；而普通社会，为宗教臭味所熏习，迷信滋彰，至今为梗。欧洲文明，以学术为中坚，本视印度为复杂；而附属品之不可消化者，亦随而多歧。政潮之排荡，金力之劫持，宗教之拘忌，率皆为思想自由之障碍。使皆浑沦而吞之，则他日消化不良之弊，将视印度文明之尤甚。审慎于吸收之始，毋为消化时代之障碍，此吾侪所当注意者也”[13]。这一段涉及的学理就更为复杂了，以食物做比喻，强调吸收这个阶段非常重要，并非简单地“拿来”而已，必须要有所择弃，有所决断。这里说得容易，但放置在整个历史大进程中，确实相当复杂。陈寅恪对这段中国文化化用印度精华之历史有相当深刻之见地，在他看来："佛教实有功于中国甚大。而常人未之通晓，未之觉察，而以中国为真无教之国，误矣。自得佛教之裨助，而中国之学问，立时增长元气，别开生面。故宋、元之学问、文艺均大盛，而以朱子集其大成。"[14]具体言之："自宋以后，佛教已入中国人之骨髓，不能脱离。惟以中国人性趋实用之故，佛理在中国，不得发达，而大乘盛行，小乘不传。而大乘实粗浅，小乘乃佛教古来之正宗也。然惟中国人之重实用也，故不拘泥于宗教之末节，而遵守'攻乎异端，斯害也已'之训，任儒、佛(佛且别为诸多宗派，不可殚数)、回、蒙、藏诸教之并行，而大度宽容，不加束缚，不事排挤。"[15]所以他高度评价宋儒的思想史意义："宋儒若程若朱，皆深通佛教者。既喜其义理之高明详尽，足以救中国之缺失，而又忧其用夷变夏也。乃求得两全之法，避其名而居其实，取其珠而还其椟。采佛理之精粹，以之注解四书五经，名为阐明古学，实则吸引异教，声言尊孔避佛，实则佛之义理，已浸渍濡染，与儒教之宗传，合而为一。此先儒爱国济世之苦心，至可尊敬而曲谅之者也。”[16]对于这种对待知识资源的方式，或可仁者见仁智者见智，但必须指出的是，这样一种博大宽容、相互兼济的气象，正是中国之能长久立于文明世界的根本所在。“佛教入骨”之说极为洞察，这里主要看重的其实还是佛家思想进入中国文化血脉根本处，宋代之后的儒释道，其实可谓是一体相通，大的知识精英都是兼治而融通，譬如曾国藩则“外用儒法，内藏黄老”，而这里的黄老与佛家又是牵连甚多的。

作为中国现代学术建立期的核心人物，陈寅恪以其学术实绩和奠立精神蜚声学林，而蔡元培则因为建立制度与学术事功而领袖群伦。但这并不妨碍二者在关系到全局的文化关系问题上各有精深之思考与创辟之贡献。说到底，文化转移乃是关系人类文明发展的关键所在，蔡元培的文明观与文化关系观，不仅是他作为一个学人的学理思考，更是他作为一个多维留学人的自然表露，这种经由实践而发展得出的思想观念，是特别值得重视的。当然，文化的转移、迁变和创生的过程，其复杂程度远超过想象，譬如陈寅恪就指出过间接、直接传播文化的利弊关系："间接传播文化，有利亦有害：利者，如植物移植，因易环境之故，转可发挥其特性而为本土所不能者，如基督教移植欧洲，与希腊哲学接触，而成欧洲中世纪之神学、哲学及文艺是也。其害，则辗转间接，致失原来精意，如吾国自日本、美国贩运文化中之不良部分，皆其近例。然其所以致此不良之果者，皆在不能直接研究其文化本原。"[17]这里看到的是文化转移过程中的不同路径导致的文化质变现象，其实如果拓展开去，则还有另外一个层面的问题。譬如蔡元培就别出手眼，能看到更深层次的理论性问题："且既有吸收，即有消化，初不必别有所期待。例如晋、唐之间，虽为吸收印度文明时代，而其时'庄''易'之演讲，建筑图画之革新，固已显其消化之能力，否则，其吸收作用必不能如是之博大也。今之于欧洲文明，何独不然。向使吾侪见彼此习俗之殊别，而不能推见其共通之公理，震新旧思想之冲突，而不能预为根本之调和，则臭味差池，即使强饮强食，其亦将出而哇之耳！当吸收之始，则参以消化之作用，俾得减吸收时代之阻力，此亦吾人不可不注意者也。”[18]这里点出的要义甚为关键，也就是说文化的发展不仅因为外来资源而得以创生，自身的传统之内在转换也同样重要。尤其是在立定根基，确定主体意识方面，后者可能更加关键。蔡元培日后更认为：“综观历史，凡不同文化互相接触，必能产生一种新文化；如希腊人与埃及及美琐达米诸国接触，所以产生雅典文化。”(《东西文化结合》)则特别强调了文化交易的重要功用，具体到《旅欧杂志》而言，乃是由文化实践而导致的文化观念变化的一个重要例证，但其所立足者宏大，所见者则万象具备。或许用文化侨易的概念更能显示出这种丰富性和复杂性，即其中既有文化之间变化与不变的两重性，体现出变创与渐常的互补维度，同时也进一步关联起交易与简易，或者归总言之则为二元三维，大道元一，符合恩格斯所说：“整个自然形成一个体系，即各种物体的相互联系的总体。”(《自然辩证法》)蔡元培、陈寅恪那代人对文化体关系的深刻阐释和自觉认知，乃是那代人给我们留下的宝贵精神遗产，值得深入开掘，而这一切又与他们的跨文化实践本身，譬如《旅欧杂志》等各类报刊的创办是不可分开的。

注释

①参考旅欧杂志社编：《旅欧教育运动》，陈三井校订，台北："中央研究院近代史研究所"，1996年。

②高平叔：《蔡元培年谱长编》上册，北京：人民教育出版社，1996年，第611页。蔡元培等编：《旅欧杂志》，第1—20期，都尔(法国)：旅欧杂志社，1916. 8—1917. 7，铅印本。李强辑：《五四时期重要期刊汇编》第1册，北京：国家图书馆出版社，2012年。

③《〈旅欧杂志〉出版之缘起及简章》，载张允侯等编：《留法勤工俭学运动》第1集，上海：上海人民出版社，1980年，第101页。

④《〈旅欧教育运动〉引言》，载张允侯等编：《留法勤工俭学运动》第1集，上海：上海人民出版社，1980年，第102—103页。

⑤《〈华工杂志〉说明》，载张允侯等编：《留法勤工俭学运动》第1集，上海：上海人民出版社，1980年，第

104 页。

⑥高平叔：《蔡元培年谱长编》上册，北京：人民教育出版社，1996 年，第 604 页。

⑦驻法公使馆抄送原电报，高平叔编：《蔡元培年谱长编》上册，北京：人民教育出版社，1996 年，第 613 页。

⑧陶英惠：《蔡元培年谱》上册，台北："中央研究院近代史研究所"，1976 年，第 474 页。

⑨高平叔：《蔡元培年谱长编》上册，北京：人民教育出版社，1996 年，第 617 页。

⑩《文明之消化》(1916 年)，载《蔡元培全集》第 2 卷，杭州：浙江教育出版社，1997 年，第 460 页。

⑪同⑩。

⑫法语为：Bien que beaucoup de bons travaux aient été écrits sur les contacts, les échanges ou les influences d´un pays à l´autre dans le domaine des arts, des sciences, des lettres, des croyances, des coutumes et de la vie matérielle, l´interaction entre les cultures reste au fond un mystère. [法]巴斯蒂:《序:中国现代留欧学人与西学东渐》,载叶隽:《异文化博弈——中国现代留欧学人与西学东渐》,北京:北京大学出版社,2009年,第1页。

⑬《文明之消化》(1916年),载《蔡元培全集》第2卷,杭州:浙江教育出版社,1997年,第460—461页。

⑭1919年12月14日日记,载吴宓:《吴宓日记》第2册,北京:生活·读书·新知三联书店,1998年,第102—103页。

⑮1919年12月14日日记,载吴宓:《吴宓日记》第2册,北京:生活·读书·新知三联书店,1998年,第103页。

⑯1919年12月14日日记,载吴宓:《吴宓日记》第2册,北京:生活·读书·新知三联书店,1998年,第102页。

⑰蒋天枢:《陈寅恪先生编年事辑》,上海:上海古籍出版社,1981年,第83页。或转引自蒋天枢:《陈寅恪先生编年事辑》(增订本),上海:上海古籍出版社,

1997 年，第 86 页。

⑱《文明之消化》(1916 年)，载《蔡元培全集》第 2 卷，杭州：浙江教育出版社，1997 年，第 461 页。

从事著译：对欧洲艺术与知识的绍介

虽然留德时代也曾因为辛亥革命的风起云涌而不得不被打断，但总体而言，在莱比锡大学的求学岁月还是相对平静的，因为毕竟动荡的环境是远在东方的母国。而1913—1916年的留法时代，则确实是一个时危艰难的环境，因为惊心动魄的第一次世界大战正是发生在生活其中的欧洲，尤其是法国，更是首要战场。在这种情况下，一心向学、满心希望求得法国文化真谛的蔡元培究竟该如何应对，又怎样才能在硝烟纷飞的异国持守住自己的向学之志呢？

在蔡元培的留学计划中，编书是一个很重要的内容。当初留德，就将为商务印书馆编书列为自己的重要收入来源之一；此次留法，虽然易地而居，但却不改初衷，仍以编书为要务，他曾在致蒋维乔函中讲得很清楚："弟到此后，因假寓印字馆中，既为公所，则酬应较繁；重以石曾、精卫诸君陆续西来，皆于将来之教育界为我辈应尽义务之商议；而家庭各事，又费安排。两月以来，所预定半日学法语、半日编书之计画，竟未实行。……当可实行半日编书之计画。"而具体来说，则"至编辑次第，拟先编《文字源流》、《文法要略》、《中国文学史》三种，然后及心理、论理等科。今《文字源流》已编成二十课，若时间足用，而所待检考之材料不甚繁复，则明年正月间必可脱稿。"[①]从这段叙述来看，蔡元培还是非常重视编撰计划的，这其中的原因，恐怕主要还是与商务印书馆的约定有关，而主要目的当仍与经济因素之海外谋生颇为密切。这里列出的书目，主要还是与中国文化和学术相关，但若论及其中绍介欧洲文化本身的，则尤其值得关注，因为这意味着蔡元培能够密切联系其留欧经验本身，向中国知识界传递新知。

这其中《欧洲美术小史》的计划恐怕是特别值得提及

的，蔡元培虽然兴趣淹博，但总体来说仍集中于哲学、民族学等方面，而其中对艺术的偏好，十分关键，这与日后他在北大兴办音乐、美术等方方面面前人未及就的领域也有关。而其中种子，可谓留欧期间有一大萌发。拉斐尔（Raffaello Sanzio，1483—1520）是意大利文艺复兴时代著名画家，蔡元培对其颇感兴味，于1916年8月10日发表《赖斐尔》一文，称："赖斐尔，氏尚谛（Sandi），赖斐尔其名也。一千四百八十三年四月六日生于乌毗那。……得纵观诸大家杰作及古代美术品，始有见于美术界之蕃变。……取多用宏，业大进。所作马多那（即圣母马利）小象多帧，优美绝伦。"[②]不仅对拉斐尔的生平事迹详细描述，更评价其具体之代表性画作，乃做结语云："赖斐尔之殁，且五百年矣。吾人循玩此图，其不死之精神，常若诱掖吾侪，相与脱卑暗而向高明。虽托象宗教，而绝非倚赖神佑之见参杂其间。教力既穷，则以美术代之。观于赖斐尔之作，岂不信哉。"[③]从这种叙述来看，蔡元培对画家的生平事业乃至画作品评，都有相当细致入微的了解和精辟的鉴赏力，能将历史语境、宗教背景、绘画艺术和作者生平融会贯通，让人读其文字，即感受到艺术和精神的创造力和感染力，洵属不易。譬如描述拉斐尔为圣彼得大教堂作画这一段：

及一五〇八年，赖斐尔年二十有五。应教皇尤列安第二之聘，而赴罗马。尤列安……创建闳美绝世之圣彼德教院，……以其中三室委诸赖斐尔。赖斐尔于中央之判事室为四大壁画，以写四大宗思想之进化史：一曰神学，二曰哲学，三曰文艺之学，四曰法学。复以此四学之寓意，画于上方。皆于圆廓中绘一女神为代表。其他隙地，复以宗教故事画充之。自一五〇八年至一五一一年，凡四年而后成。乃从事于其相毗之室曰埃留陀者，其中主要之作为《埃留陀被放》图，即以名其室。……④

这就不但是学术的文字，也是文学的艺术，既有文言的风采，亦近白话的白描。这类文字，其实似乎现代汉语走向成熟路上的重要资源，这样一批具有古典知识修养的留学精英，他们当出洋向学之际，既接触异域之新知，必思转化为母国母语之方式，其前并无一定之轨辙可循，所以其学思、行为、文本等都可作为仔细推敲的重要资源。胡适等日后高呼“打到孔家店”，更多是出于场域占位的斗争或博弈策略，而并不意味着他们就真能在文化史的长征中光荣地立住；就此而言，学衡派的主张和风骨其实更值得赞赏和肯定。蔡元培虽然在北大场域因引入陈独秀、胡适等人而赢得“新文化运动”的凯歌，但毕竟他的基本理念仍在“思想自由，兼容并蓄”，从其本人的学行轨迹来看，无疑同样也可看作学衡派同气相投之前驱。此类文字、艺术和思想的探索，即可为明证。如果现代中国的知识和思想精英能循着这样的路径，不紧不慢地探索下去，则中国现代语言、学术和思想的发展自能顺其自然、水到渠成。可惜的是，历史的车轮滚滚向前，不可能等待文化进步的“水滴石穿”。想看清楚文化侨易的前世今生和清晰轨迹，必须等待学术史的溯本清源。

无论如何，蔡元培这代人的求知意识和绍介贡献值得充分肯定。即便就《赖斐尔》一文而言，也仅是规划中的冰山一角而已，此文本归属于一个更大的计划，即《欧洲美术小史》[⑤]，显然蔡元培希望借此对欧洲美术的历史做一较为全面的了解、学习和绍介，但可惜未能竟功。在法国完成后，蔡元培即将此文寄给张元济，随即在1916年8月发表于《东方杂志》(第13卷第8—9号连载)；稍后，商务印书馆将其列入“东方文库”第68种，题名为《艺术谈概》[6]。

其实，蔡元培对欧洲的美术与美学有着浓烈的兴趣，不仅曾有《欧洲美术小史》的计划，而且还有《欧洲美学丛述》的拟案。前者留下了上述的《赖斐尔》，后者则有《康德美学述》的断简零篇[7]。此文可谓较早期的对康德美学之介绍，1914年春季之时，蔡元培在留法时代写成，前半部分为两篇，第一则论“美学之基本问题”，称“……康德之基本问题，非曰何者为美学之物，乃曰美学之断定何以能成立也，美学之断定，发端于主观快与不快之感。苟吾人见一表象，而无所谓快与不快，则无所谓美学之断定。美学之断定，为一种表象与感情之结合，故为综合断定。……美学之基本问题，其一曰何者为美学之断定乎？其二曰美学之断定何以能成立乎？其一，所以研究其内容，以美学断定之解剖解答之。其二，所以研究其原本，以纯粹美学之演绎解答之。美学之断语有二：曰优美，曰壮美。故美学断定之解剖，区为二部，一曰优美之解剖，二曰壮美之解剖”[8]。这里是相当清楚地将美学的核心问题解释出来了，即优美与壮美。然后具体分析了优美的四种情况：“超逸——凡吾人所以下优美之断定者，对于一种表象而感为愉快也。”“普遍——凡实利之关系，常因人而殊，……且同一人也，今日之所求，难保其不及他日而弃厌之。……而美感之愉快，乃独无实利之关系。”“有则——凡对象之可以起人快感者，不能无一种规则，即所谓依的作用之状态是也。”“必然——美感者，有普遍性者也。凡有普遍性者，常为必然性。……谓之优美，非曰于我为美，而于人则否。亦非曰此时为美，而异时则否。”总结就是，“于是合四者而言之，美者，循超逸之快感，为普遍之断定，无鹄的而有则，无概念而必然者也。”[9]蔡元培对康德情有独钟，日后还专门代表北大，到德国去在康德诞生二百周年纪念会上致辞。也就是在 1914 年的春季，蔡元培还兴致勃勃地应李石曾之邀，去蒙达尔城为俭学会专门讲授了一次“德儒康德之空间时间说”。当然，我们需要注意到这样一个有趣的文化现象，就是“墙内开花墙外香”，蔡元培是在法国说德国大哲康德，这其中的异文化交织与碰撞、侨易是相当复杂的过程和情况。

而接着要说的，还是与德国有关系。蔡元培在法国期间完成的一部重要编著是《哲学大纲》，此书虽发源可追溯至留德时期，但真正完稿却是在留法时代，1914 年 9 月在法国西南地区完成，随即寄给张元济[10]，1915 年 1 月由商务印书馆出版，这种效率真是不可谓不高。而区区一部教科书类的通俗著作，居然发行量奇高，到了 1931 年已经出到第 11 版，也真让人羡慕那个时代的求知热情。蔡元培在《凡例》中开宗明义，强调其乃“供师范教科及研究哲学之用”，所以“本书既为引人研究哲学之作，非哲学之著述，故历举各派之说，不多下十成断语，留读者自由思考之余地”[11]。

总体来看，此书与《中国伦理学史》有相通之处，即汇集材料、详加梳理、提供框架。蔡元培自己也曾坦承此书的知识来源和撰作法门：“以几本德国哲学家的门径书为蓝本，而据韩非子《解老》中道与理之界说，说哲学在吾国本应名为道学。又说明，古代只有宗教，凡后来哲学、科学之任务，皆包于其中。其后哲学独立，科学尚包于哲学之中，而宗教之范围，特别减缩。及科学次第独立，而哲学的范围，亦渐渐减缩。又说：哲学有科学的与超科学的之别。有一种科学的，如数理哲学之类是；有包括自然科学的，如自然哲学是；有包含自然科学与社会科学的，如斯宾塞尔综合哲学原理、孔德实证哲学是。至于超科学的哲学，则所谓形而上学者是。又关于美学一方面，特别注意，亦受德国学派的影响。”⑫全书分为四编，即通论、认识论、本体论、价值论，较为系统地阐述了哲学的基本原理。

需要指出的是，蔡元培的编书工作，不仅是向国内绍介新知的努力，更是自身求学过程的必由之路。对于留学生来说，远赴异域，求学他乡，为的是求得真知，求取真经，以提升自己的知识水平和学术层次，进而为发展中的现代中国提供资源和做出贡献。所以，无论如何，读书是必要的，求学是必要的。但如何才能真的获取真知，却是仁者见仁智者见智，各有通往宝山的不同路径。有的人偏重于进名校、拜名师，譬如胡适等人留学哥伦比亚大学，师从杜威，归国就成了科学方法论的代言人；有的人则看重学位如博士头衔等，譬如季羡林就说过：“我为什么非要取得一个博士学位不行呢？其中原因有的同一般人一样，有的则可能迥乎不同。中国近代许多大学者，比如王国维、梁启超、陈寅恪、郭沫若、鲁迅等等，都没有什么博士头衔，但都会在学术史上有地位的。这一点我是知道的。可这些人都是不平凡的天才，博士头衔对他们毫无用处。但我扪心自问，自己并不是这种人，我从不把自己估计过高，我甘愿当一个平凡的人，而一个平凡的人，如果没有金光闪闪的博士头衔，则在抢夺饭碗的搏斗中必然是个失败者。这可以说是动机之一，但是还有之二。我在国内时对某一些趾高气扬不可一世的留学生看不顺眼，窃以为他们也不过在外国炖了几年牛肉，一旦回国，在非留学生面前就摆起谱来了。但自己如果不也是留学生，则一表示不平，就会有人把自己看成一个吃不到葡萄说葡萄酸的狐狸。我为了不当狐狸，必须出国，而且必须取得博士学位。这个动机，说起来十分可笑，然而却是真实的。多少年来，博士头衔就像一个幻影，飞翔在我的眼前，或近或远，或隐或显。有时候近在眼前，似乎一伸手就可以抓到。有时候又远在天边，可望而不可即。有时候熠熠生光，有时候又晦暗不明。这使得我时而兴会淋漓，时而又垂头丧气。一个平凡人的心情，就是如此。"[13]还有的人则率性而为，只为求取真知而来，根本不在意那些门面上的"珠光宝气"，譬如陈寅恪留学欧、美、日，长达十余年，没有谋得任何学位，但却一点都不妨碍他成为中国现代学术建立过程里学术伦理意识最坚定、学术成绩最卓越的代表性人物。但我这里要强调的是，即便是相比较各类求学过程，蔡元培的编撰书籍仍是相当值得注意的一种求知途径，因为正是借助于亲手触摸、编撰成书的特殊过程，形成了对蔡元培这类具有较好国学基础、撰述经验、出版渠道者的另类治学通道，如此使他有可能结合自家兴趣、因应实际需要，进而深度理解和感知外来知识，并将之形成对中国普通读者有效有用的新知识。可还真的不能小看了这种“码字匠”的行为，这可是具有高知识含量和普及性意图的重要尝试和良好结合，而日后蔡元培就任北大校长，其开创中国现代大学范式的“高等常识”基础其实有相当部分来源于此。设若如此，每个人求知过程中的点点滴滴和寻常印迹，其实也就是汇流成海，建构现代中国文化大厦的“中流砥柱”的可能性尝试，能不慎之乎？而外来知识和资源也正是通过这样的“条条小道”，新建起另类的“文化丝绸之路”，使得现代中国的建构足以凭借其“异质资源”，也就充满了“世界胸怀”！

注释

①《手札》，高平叔：《蔡元培年谱长编》上册，北京：人民教育出版社，1996 年，第 539 页。

②高平叔：《蔡元培年谱长编》上册，北京：人民教育出版社，1996 年，第 609—610 页。

③高平叔：《蔡元培年谱长编》上册，北京：人民教育出版社，1996 年，第 611 页。

④高平叔：《蔡元培年谱长编》上册，北京：人民教育出版社，1996 年，第 610 页。

⑤同③。

⑥同③。

⑦高平叔：《蔡元培年谱长编》上册，北京：人民教育出版社，1996 年，第 548 页。

⑧同⑦。

⑨同⑦。

⑩高平叔：《蔡元培年谱长编》上册，北京：人民教育出版社，1996 年，第 570 页。

⑪同⑩。

⑫蔡元培：《自写年谱》，见高平叔：《蔡元培年谱长编》上册，北京：人民教育出版社，1996 年，第 570—571 页。

⑬季羡林：《留德十年》，北京：东方出版社，1992 年，第 71—72 页。

中法交流：与法国学者交往

就中法交流来说，蔡元培当然不是一个擅长者。这方面的行家里手当然还要推李石曾。但由于蔡元培的象征资本厚重，李石曾往往借助于蔡元培的声名与影响，而在各种场域里将其推为“旗帜”。但蔡元培也并不仅仅是一个“道具”而已，作为具有主体意义的学人，蔡元培正是通过此类中介性渠道，发展了与法国学者的联系乃至交谊，构成了一道有意思的风景线，值得细加考察。

蔡元培的主要法国友人，最初是由李石曾介绍的。因为正是李石曾，在法国文化场域里如鱼得水，纵横捭阖，颇有民间外交家的风采。如谓不信，不妨来看看他与相当重要且有法国特色的交流渠道——“沙龙”

(salon)的关系。关于沙龙的功用，稍微了解法国文化史的人就很清楚，大致不外乎以社交谈话为中心、文化氛围浓厚，不但能造就风雅的知识人(所谓“正派人”Honnête homme)，而且对社会文化结构和文化心理形成具有指导作用[①]。李石曾如此追记“曾亲历者”的法国四大沙龙：

杜珊娥夫人之沙龙：法国人，教员，亦国立话剧院艺术家，曾住巴黎文化区，若在，年约八九十岁。

梅道良夫人之沙龙：法国人，大文豪后裔，亦与法国革命史有关，曾住百老树林邻近，若在，将近百岁。

戴芍甫夫人之沙龙：法国人，名外交家亦文化界要人戴芍甫大使之夫人；现年约八九十岁。

杨思奇夫人之沙龙：原籍土耳其人，寄籍巴黎，其子法第二次大战死义，文艺家，著作家，亦记者，曾游各大洲，几到中国，现年约六十岁。[②]

李石曾以国人之审美眼光，将四沙龙主人分别以松菊、莲梅、牡丹、竹譬喻之，取“莲花之君子者也，牡丹花之富贵者也，菊花之隐逸者也”之意，而就中最推崇者为梅道良夫人之沙龙，称其“年龄最长，社会方面推崇最高”：“……在这一个或半个世纪中，法国甚至全世界之政治文化名流，凡经在巴黎者，无不出入其沙龙之门；法国与欧洲多国之总统、总理、总长、总督，诸多重要之政治家外交家教育家学术家，如白里安，霍礼欧，班乐卫等，不过少数之举例；而我之认识许多人，经梅夫人介绍，或未经介绍，相互谈及，如国际文化合作会长英国莫奇教授，亦举例之一；柯伯坚伉俪亦与有关系，梅氏沙龙其先人涉及法国革命，故来往者皆前进分子，而非保守者流。”[③]李石曾对沙龙的描述并未到此为止，他接着比较道：“戴夫人虽亦权贵之列，自亦民主之环境，但较梅氏则具体而微；其特绩或不无可观，如前已云，捷克独立产生于戴夫人沙龙之中；但梅戴两夫人之风度大有不同，而其风格地位亦大相悬殊，颇难描写其异同”。又说：“至梅氏本人之作风与出入于其沙龙之人，均为确切之象征，亦胜于写实，请举其人其事之一二。梅戴沙龙，凡其时之在巴黎稍有国际地位者无不知之，或则身历”。关于杜珊娥夫人之沙龙，他写道：

“至于杜氏甚少知者，岂非隐逸？而出入其沙龙者，如邵可侣，柯伯坚诸先生皆各辞典有名之人；他如法之葛若夫，比之欧思同，西班牙之费若尔，马乐图，名虽不若邵柯之隐著，亦所谓‘半打革命党’极新之人物；中国方面吴稚晖张静江张溥泉诸先生与我出入其间。”关于杨思奇夫人之沙龙：“杨氏于一般沙龙工作景象之外，有其高远之点，比为修竹或不为过；法国第二次世界大战失败后，其沙龙之友人多赴非洲，以图复国，杨氏为联络人之一。一日自驶汽车穿过西班牙而渡非洲，用西非而东达非洲之长途；吾人曾送其在法国与西班牙之交界，此如修竹高如云霄，非君子隐逸所能比，尤非富贵者所能及其苦行！”④此处李石曾显然透露了他留法期间的一大奥秘，即与法国社会精英群有相当密切之接触，而这种关系不仅有利于他近距离的观察与了解法国社会、认知和学习法国文明，甚至也预构了他的法国社会网络，为日后的中法文化交流乃至政治沟通奠定了良好的基础⑤。有论者甚至认为：“像李先生以相国公子留学法国，又能精通法语，与法国当时之政论家、思想家，各派社会主义，各派无政府主义，都有接触。尤其第二国际知名人士，后主法国政坛几达十年之久，Leon Blan布朗先生、白里安先生、班乐卫先生、赫里欧先生等，又如法国无政府主义者蒲鲁东（1809—1865），李先生亦研究其遗著，交往其信徒。又如当时流落在法之俄国无政府主义家克鲁泡特金（1842—1921），亦属有见面之缘”[⑥]。两相参证，当非虚言，即李石曾与法国上层社会的知名人物确实颇有交往。而此中最重要的枢纽性因素，当属沙龙这一特殊形式。

与李石曾如此丰富熟悉的法国文化场域交游相比，蔡元培显然不是好手。但这并不代表他与法国学者没有交往，譬如在华法教育会筹办期间就自然与法国人士发生工作关系。

在法国期间与法人的交往。1916年，华法教育会筹办进入关键时期。先是在3月29日，假座巴黎自由教育会，举办发起会议。当时的主要发言人是法方的穆岱和中方的蔡元培。作为副会长的穆岱，还仅是“轻描淡写”，略作引言；而蔡元培则发表了著名的开篇演说“华法教育会之意趣”。相信这个过程是有人做翻译的，因为蔡元培的法语程度估计很难独立演讲，所以借助中间者的“舌人”之助，是理所当然的事情。稍后在 6 月 22 日，还是假座巴黎自由教育会，华法教育会举行成立大会。这回法方会长欧乐发表演说，指出：“中华民国与法兰西民族相同，皆欲以教育为要务。诸君欲为真正之革命，非仅易其衣表，实更易其身心；非但求中国之益，实求人道之益也。诸君为此高谊之行为，而求助于法国，因其有改革之经验。然华法教育会之助中国，亦即所以助法国也。”[7]这两次活动所牵涉的华法教育会的两位法方核心人物，即欧乐（Aulard，Alphonse，1849—1928）与穆岱（Moutet，Marius，1876—1968）。欧乐是法国巴黎大学教授，是研究法国大革命历史的专家。后人为其撰写传记，从三个方面总结其一生事迹，即学者（Le savant）、公民（Le citoyen）与使徒（L' apôtre）[8]。日后，蔡元培与欧乐仍有来往，譬如 1921 年初重访法国时就又拜访了欧乐[9]。数日之后，即 1 月 23 日，又和李圣章一起拜访欧乐，欧乐很重视里昂的中法大学，说他和贝乃德都会加入委员会[10]。

我们说李石曾是那种长袖善舞的人，他和法国人交往甚深，而且这种友谊有延续性，即我们甚至可以认为，李石曾、蔡元培等共享一个法国友人圈，譬如和赫里欧的关系。1940 年，汪精卫筹组南京伪国民政府后，迅即谋求国际承认。日、德、意法西斯政府自不待言，就法国来看，当时也迫于压力而准备考虑此事，且汪精卫自也有其留法背景。李石曾乃临危受命，1941 年前往法国运动其社会高层资源"摆平"此事。年谱如此记载："盖先生在法有数十年深切渊源，虽与当时法国总理国务部长兼管外交之达鲁第路线不同，然其师时任国会议长之赫礼欧(Herriot)则为先生之多年老友，感情密切，先生乃利用其关系，约同极有政治历史与力量之陶乃容(Doriau)同见达鲁第，由两人极力关说，遂得到达氏充分谅解，扭转法国不予承认汪伪政权。"[11]这事颇具传奇色彩，但赫里欧与李、蔡等人很有渊源则确乎事实。1921 年的欧美之行中，蔡元培则又在里昂访问了时任里昂市长的赫里欧，对方还赠送了他一本著作《创造》

(Créer)[12]。

蔡元培与法国著名汉学家伯希和也有交往，1921年3月2日拜访伯希和，“据言在新疆所得之古物，有在鲁佛尔博物院者，有在东方古物馆者，现考订未竟，且印费极贵，一时未能出版”[13]。3月8日，和李圣章一起去镭锭研究所拜访了居里夫人，“先由其秘书导观各实验室，在教室中有特制扩声机，能传出镭质跃散之声。晤居利夫人，朴质诚恳，谓中国既无战争(彼不知中国内争)，与欧洲不同，必能以多数财力供学术上之用。又谓中国亦不可无实验镭锭之所，如在北京建设，必较为清静，不似巴黎之嘈杂而多烟尘”[14]。这一次，蔡元培还拜望了一位奇人，就是83岁的世界语学者射倍儿(Sebert)，“据言：去年国际联盟开会时，曾上书请以世界语为国际语，法国代表误会为将排斥法语，不允列入议案；嗣后曾声明国际仍不废英、法语，但请加世界语译本。又言巴黎商会长已允于商业学校中加世界语教课，并由各省商会会长分别提议于本省商会”[15]。

蔡元培因出访，则如走马观花，短时间内走很多地方、机构，见很多人，也难得他有心记下日记，让我们可以想见他当年的雪爪鸿泥，譬如各类学校的校长、学院的院长，等等，譬如2月5日访问斯特拉斯堡大学，见到校长查勒梯（Charlety），并和文学院院长费斯德（Pfister）颇有讨论，后者认为“为提高中小学教员程度起见，宜准许到大学自由听讲，不问出身如何”[16]。药学院院长谢当（Jadim）则在次日邀请他游览圣阿底尔山（Le Mont Sante Odile），“值雾与雪，不能远眺”；接着又去参观药学院的校舍，介绍各国药学学习的学制，“又言：从前图书馆中，德文书极多，英文书甚少，法文书绝无。现已增法文书”[17]。大致可以透露斯特拉斯堡大学作为一个特殊区域的文化、政治与社会背景的变化。到了2月7日，则是医学院院长韦斯（Weiss）邀请参观医学院，“先参观波来尔所组织之微生物研究所，盖德人管领时，并不授微生学，现始组织。参观各病院、各种浴室及各种助运动的器械”[18]。在巴黎，也见到了大学校长埃贝尔（Appelle），“导观大礼堂等处，邀参与Ecole Charte（沙尔特学校）之百年纪念式”[19]；埃贝尔校长很客气，3 月 2 日专门为蔡元培开办晚餐会，座中有班乐卫、欧乐等人，“埃校长演说，注重于北大废院存系之办法；对于我个人之著作，尤注意于《石头记索隐》。我之答词说，中法文化相类似及将来互相而进步”[20]。由高叙钦口译成法语。蔡元培本次游欧，参观文学院、理学院、法学院、地理研究所等，甚至顺访了比利时，参观各类学校，拜会了教育部长戴斯德(D’Estérs)[21]。

在北大接待的法国友人。担任大学校长，当然要有足够的耐心和定力，蔡元培虽然是有读书癖的学者，但毕竟是科举时代过来的人，对处理行政事务仍有其长处，作为北大校长，不仅要领袖群伦，把握学问，各类学术行政事宜也必须处理。其中与法国相关者不少，譬如大力支持李石曾的勤工俭学运动，乃至支持中法大学、孔德学校的办学等，也包括与法国方面的直接往来。这其中可圈可点的是 1920 年 8 月 31 日，北大举行仪式授予班乐卫、儒班二人名誉博士学位。这事不但在北大属于首创，即便放眼中国现代大学史，也是授予外国人荣誉学位之开端。蔡元培致开会辞称：“北京大学第一次授与学位，而受者为班乐卫先生，可为特别纪念者有两点：第一，大学宗旨，凡治哲学、文学及应用科学者，都要从纯粹科学入手。治纯粹科学者，都要从数学入手。所以各系次序，列数学为第一系。班乐卫先生为世界数学大家，可以代表此义。第二，科学为公，各大学自然有共通研究之对象。但大学所在地，对于其他之社会、历史，不得不有特别注重之任务。……北京大学既设在中国，……对于中国特有之对象，尤负特别责任。班乐卫先生最提倡中国学问之研究，又可以代表此义。"[22]此处提及的保罗·班乐卫(Painlevé，Paul，1863—1933)，是法国学术场域的重要人物，他不但在学术上成就卓著，中年转入仕途，同样一帆风顺，让人羡煞。自1909年由巴黎第五区选为众议员，到1917年出任内阁总理，他只用了区区八年时间，其间历任公共教育部长、国防技术发明部长、陆军部部长等要职，可谓阅历丰富。1920年班乐卫率一个五人小组的法国知识界代表团访华，谱写一段中法文化因缘[23]。蔡元培、吴稚晖等人曾经想在法国创设大学，后来里昂中法大学的实践就是一个例子，但这其中若缺了法方重量级人物的支持，这是不可想象的，故此像赫里欧、班乐卫这类曾任高官的学者型人物，极为关键。这些事迹，在典礼过程中，由时任北京大学教务长的顾孟余做了较细的介绍。对这样的典礼，显然甚获重视，教育总长范源濂亲自参加，更不用说各大学的代表，以及法国驻华使馆等相关机构的人物。

仪式结束之后，蔡元培又发表闭会词，称："现在授与学位式业已完成。……我尚欲声明一事，世界上积学而热心于中国如班乐卫先生者，我等实愿时时领教。但先生……不能常留中国，已允以所欲发表之意见，寄示我等。且班乐卫先生答词中，有在中国设立科学院之计画。他日或因此再来中国，……我等受教之机会正多。敬本教务会议所议决者，请为本校名誉教授，以表我等敬慕之意。"[24]班乐卫与中国文化的因缘，值得细加探究，这且按下不表。我们可以看到，蔡元培始终是以一种促成中法两大文明交流的大视域来对待个人友谊的。1920 年 11 月，蔡元培乃有考察欧美之行，再度访问法国，不仅处理勤工俭学生的诸多事宜，而且也与法国友人颇多交流，这其中自然包括了老朋友班乐卫。1921 年 1 月 19 日，从里昂赶到巴黎，当天就访问了班乐卫等人；21 日，又和罗钧任、谢东发两人同访班乐卫[25]。2 月 26 日，又与班乐卫见面，"请其介绍法国学者到吾国讲学"，班乐卫也很负责，介绍了四位颇有分量的学者，一是居里夫人(化学)，二是郎之万(物理)，还有哈德玛(算学及机械学)、沛霖(物理学)[26]。可惜后来只有郎之万受国际联盟委派曾来华。3 月初，班乐卫又在巴黎大学校长埃贝尔招待蔡元培的晚餐会上作陪。老友重逢，想来有很多可以讨论、交流和共鸣的话题，可惜目前尚无更多资料来充实之，但至少可以看到，对蔡元培来说，如何促成中法高层学术交流，通过班乐卫等人的人脉关系，邀请到高层次的法国学者来华讲学，是一个中心话题。

就此而言，蔡元培虽不是像李石曾那样的长袖善舞者，但也在自己特定的位置上对促进中法文化与学术交流有其特别的贡献。或许，我们不应太孤立地看待那代精英人物的涉外交谊，对他们那代人来说，如何引来西方文化与学术的精华，“使欧、美潮流，平均输灌”乃是最核心的使命之一[27]。所以，我们看李石曾、蔡元培、吴稚晖、张静江这批人物，真的是有宏大气象的“君子之儒”，虽汲取了欧风美雨的养分，但却绝不为其负面处所裹挟，很少有那种小家子气的“斤斤计较”。所以，遥想那个虽风雨如晦、艰难跋涉的现代中国的历程，心中却充满了温暖和希望，因为精英人物有着高贵的人格！如此，则李石曾的这段话颇有代表性：“中国与欧西的文化沟通，法国有同样的伟大贡献，伯希和先生是一位很专门的汉学家，他代表法国协会同时又代表威尔顿公使来参加，他说话的时候，有一点没有讲，兄弟稍为补充一下，就是在巴黎的中国学院，是班乐卫创办，并有伯希和先生的帮助，才组织成功。不幸班先生去世；好在还有伯希和先生与其他的好多位继续班先生努力，要求发展，班先生不仅是做中法文化沟通的工作，并且是世界文化合作的工作，大家知道在国联范围之内，有一个世界文化合作法院，法国的努力最多。鉴于班先生在过去学术方面，有这样大的努力，觉得今天的表现，不仅是局部的一两个机关的事，同时是全世界全人类的合作表现，法国用很大的努力，促成世界学术合作，其他种种的合作，如果没有局部的组织，这大的理想是不容易实现的，如东方图书馆，法国协会，是局部的，但是推广力很大，一个大的理想，是由于每一个局部演进而成……”[28]而我们今日回顾历史，会承认，蔡元培、李石曾那代人真是有理想、有人格、有抱负、有担当的一代，他们是现代中国建设事业的奠基者，开拓者和不朽者！

注释

①关于法国17世纪贵族沙龙的兴起及其对文化的影响，参见罗芃、冯棠、孟华：《法国文化史》，北京：北京大学出版社，1997年，第58—64页。亦可参见[德]瓦·托尔尼乌斯：《沙龙的兴衰——500年欧洲社会风情追忆》，何兆武译，北京：世界知识出版社，2003年。

②《关于沙龙之琐谈》，载《李石曾先生文集》下册，台北：中国国民党党史委员会，1980年，第106页。

③《关于沙龙之琐谈》，载《李石曾先生文集》下册，台北：中国国民党党史委员会，1980年，第107页。在其法文版的自传中，对杨思奇夫人之沙龙描述尤其详细，Li Yuying：La Chine，Le monde et moi(中国，世界与我). Undated typescript, ca. 1947. pp. 42—43. 但考虑到此册文字撰作、润色出自杨思奇夫人之手，故其评论文字的采信度需要谨慎。

④《关于沙龙之琐谈》，载《李石曾先生文集》下册，台北：中国国民党党史委员会，1980年，第107—108页。

⑤杨恺龄：《民国李石曾先生煜瀛年谱》，台北：台湾"商务印书馆"，1980年，第95页。

⑥商文立：《李石曾先生之思想与行事》，载《李石曾先生纪念集》，第228—229页，无编者、出版地、年份等。李石曾自己曾列出中法友好人士名单，其中法方为：梅道良、杜珊娥夫人等，南达博士、邵可侣与欧

乐教授、赫里欧、穆岱、班乐卫、陶乃容诸先生，皆议员中有特点之政治家，又如儒班、雷宾、古恒、伯希和、葛如鼐、陆洛、狄巴业，诸教育家与汉学家，与国际联盟有关文化合作经济合作之包鼐、莫鼐诸先生等。《谈中法两国之关系》附注一，载《李石曾先生文集》下册，台北：中国国民党党史委员会，1980年，第136页。这些法国人物与现代中国的关系，都值得深入探讨。其法文名字亦有待进一步考证落实。

⑦高平叔：《蔡元培年谱长编》上册，北京：人民教育出版社，1996年，第608页。关于蔡元培与法国关系的简单勾勒，可参见[法]蔡萝莱(Tasi Loretta)：《蔡元培与法国》，张寄谦译，载蔡元培研究会编：《论蔡元培——纪念蔡元培诞辰一百二十周年学术讨论会文集》，北京：旅游教育出版社，1989年，第466—474页。沈福伟：《蔡元培与法国文化》，载《国际汉学》第5辑，郑州：大象出版社，2000年，第175—188页。

⑧Belloni, Georges: Aulard - Historien de la révolution française(欧乐——法国大革命的史学家). Paris: Presses universitaires de France, 1949.

⑨蔡元培：《孑民自述》，朱鸿召编选，南京：江苏人民出版社，1999 年，第 66 页。

⑩蔡元培：《孑民自述》，朱鸿召编选，南京：江苏人民出版社，1999 年，第 67 页。

⑪杨恺龄：《民国李石曾先生煜瀛年谱》，台北：台湾“商务印书馆”，1980 年，第 95 页。

⑫同⑩。

⑬蔡元培：《孑民自述》，朱鸿召编选，南京：江苏人民出版社，1999 年，第 73 页。

⑭蔡元培：《孑民自述》，朱鸿召编选，南京：江苏人民出版社，1999 年，第 74—75 页。

⑮同⑬。

⑯蔡元培：《孑民自述》，朱鸿召编选，南京：江苏人民出版社，1999 年，第 68 页。

⑰同⑯。

⑱同⑯。

⑲蔡元培：《孑民自述》，朱鸿召编选，南京：江苏人民

出版社，1999 年，第 70 页。

⑳同⑬。

㉑蔡元培：《孑民自述》，朱鸿召编选，南京：江苏人民出版社，1999 年，第 69 页。

㉒引自高平叔：《蔡元培年谱长编》中册，北京：人民教育出版社，1996 年，第 321 页。

㉓关于班乐卫与中国的关系，参见《法国前总理班乐卫访华之行的意义》，载陈三井：《近代中法关系史论》，台北：三民书局，1994 年，第 219—240 页。Bastid-Bruguiére, Marianne："Le voyage en Chine de Paul Painlevé en 1920"（班乐卫 1920 年的中国之旅），in Claudine Fontanon et Robert Frank éds.：Paul Painlevé（1863—1933） - un savant en politique（班乐卫——一位致力于政治的学者）. Rennes：Presses universitaires de Rennes, 2005, pp. 83—103.

㉔同㉒。

㉕同⑨。

㉖蔡元培：《孑民自述》，朱鸿召编选，南京：江苏人民

出版社，1999年，第72页。

㉗吴敬恒：《海外中国大学末议》(1919)，载中国国民党党史史料编纂委员会编：《吴稚晖先生全集》第2卷，台北：中国国民党史料编纂委员会，1969年，第125—135页。

㉘《在法租界公益慈善会赠书仪式上致词》(1935年6月6日)，载《李石曾先生文集》下册，台北：中国国民党党史委员会，1980年，第264页。

终论：北大赖大贤：延揽人才表群伦

蔡元培在法国期间，一方面主要是举家留学，另一方面则适度参与华法教育会的事务。当初他之所以离开中国，是因为有一个大的背景，这就是袁世凯的专权和国民党的分裂。那么，现在形势已经变了，不但是变了，而且是大变，袁世凯固然因了皇帝梦而身败名裂，国民党也逐渐成为一种强势的政治力量。这样一种局势的变化，对远在万里之外的蔡元培，会有影响吗？如果国家的发展需要蔡元培这样的人物效力，以他悠闲淡泊的态度、本心向学的取向，愿意放弃自己求知生活的宁静而毅然归国吗？或者，对蔡元培来说，是否仍有一颗不灭的事功之心呢？

果然，到了 1916 年的时候，情况就已经大变了。因为 1915 年袁世凯闹洪宪复辟，只做了八十三天的皇帝梦，然后就迅速地成为历史的“黄花菜”了。北洋军阀系统也历经了一个重组的过程，最后的妥协结果是黎元洪出任了大总统。

当时的北京政府教育总长是范源濂，他当初曾应蔡元培的邀请而出任首任教育部的副总长，彼此都觉得是志气相投的朋友。所以，这个时候他拍出一份电报给蔡元培，是由中国驻法公使馆转的，这是有讲究的，因为这明显表明的是通过正式的政治途径送达的，是有官方性质的。电报是这样说的：

国事渐平，教育宜急。现以首都最高学府，尤赖大贤主宰，师表群伦。海内人士，咸深景仰。用特专电敦请我公担任北京大学校长一席，务祈鉴允，早日归国，以慰瞻望。启行在即，先祈电告。[①]

这段电文出自当时的教育部长手笔，大家可以看到其中的奥妙。但无论其中玄机如何，基本意思是很清楚的，对蔡元培的人望品格表示充分肯定和推重，并诚邀其归国执掌北京大学。面对这份电报，蔡元培犯犹豫了，他显然不是那种贪图爵位、看重功名利禄的人，可作为兼具前清背景和革命元勋的他，当然也知道作为京都最高学府的重要作用，当初袁世凯虽对他优礼有加，但仍坚不同意由他执掌北大，就可见一斑。终于，蔡元培决定返回，所谓“以整理故都之学府，引为吾人共同之责任”[②]，当时友人颇多不赞成他出任北大校长，认为北大腐败，不必去蹚此浑水。多数国民党人(老同盟会员)采不以为然的态度，马君武固然是坚决反对，汪精卫、吴稚晖亦持保留态度。在这种情况下，有两人之观点甚为重要。作为国民党领袖的孙中山则卓见独具，认为北方需要传播革命思想，而如蔡元培这样的老同志去帝王之都的北京主持全国教育，很是必要[③]。但蔡元培则是“明知山有虎，偏向虎山行”，既然知道北大腐败，更应进去整顿。他说：“觉北京大学虽声名狼藉，然改良之策，亦未尝不可一试，故允为担任。”[④]后来还说“我不入地狱谁入地狱”以表明自己之决心[⑤]。他在致汪精卫函中说：

吾人苟切实从教育着手，未尝不可使吾国转危为安。而在国外所经营之教育，又似不及在国内之切实。弟之所以迟迟不进京、欲不任大学校长，而卒于任之者，亦以此。昔普鲁士受拿破仑蹂躏时，大学教授菲希脱为数次爱国之演说，改良大学教育，卒有以救普之亡，而德意志统一之盛业(普之胜法，群归功于小学校教员；然所以有此等小学校教员者，高等教育之力也)，亦发端于此。⑥

在这里，我们看到不但蔡元培坦承其心路历程，而且德国资源被有效地自然加以利用，成为他考量历史、选择方向、确定位置的一个重要参照系。蔡元培是有一个相当明确的“教育国家”理念的，就是说在他看来，以教育为基本框架建构一个理想的国家基础和结构，这一点至关重要。所以，无论是此时的“明知山有虎，偏向虎山行”，还是日后在国民党统一中国之后的试行法国大学区制，都充满了这样一种理想情绪的内在张力。

蔡元培既然已有归国出任北大校长之心，曾在官场历练多年的他，自然知道这其中可能蕴含的陷阱，他会赤手空拳地上任北大吗？他该怎样理解作为一校之长的责任，并且在实践层面予以实施呢？

蔡元培1916年决定接受时任教育总长的范源濂邀约出长北大之际，首先就是在自家留居的法国寻觅人才与同志。他此时联络的朋友，却多半具有留法背景，相对吴、汪的消极态度，李石曾算是回应较为积极的。据李氏自己回忆说：

蔡子民先生在将决定就北京大学校长之际，其时蔡居法之南部，我居香湖，子公特至相访，约偕往北大以整理故都之学府，引为吾人共同之责任，并盼稚老亦往云云；我曾局部接受蔡先生之约，稚老则始终立在更为超然的地位……⑦

所以，我们可以看到，即便是最为知己的朋友，对同一件事的态度也有异，吴稚晖显然是超然不趋的；而李石曾无疑更为积极，他之入北大，乃是作为蔡元培礼贤下士邀约来的留法高贤而出现在北大场域的。这一背景，应当值得关注。而日后蔡元培又邀请陈独秀、胡适之，使留日、留美与留法的学人代表并聚于北大场域，应该说是相当高明的。不过，相对后者联袂，借助《新青年》的巨大号召力，而形成的新文化运动的双子星座格局；以李石曾为代表的留法系看似相对薄弱，但考其实际，也未必尽然，李石曾与蔡元培毕竟相交甚久，虽然日后在教育场域主导权上不乏矛盾，但仍属君子之争，他们对留法教育活动的推动，尤其是勤工俭学运动的规模形成，无论其得失如何，都是值得充分肯定的。不过，我想特别强调的，仍是蔡元培作为大学校长的“观念大度”与“立场鲜明”。

1917年1月4日，蔡元培到北大视事，发布就职通告。1月9日，北大开学，蔡元培亲临，做了一篇言简意赅、要言不烦，然而却撼动北大根本的演讲，这就是那篇赫赫有名的《就任北京大学校长之演说》。开篇就谈自己因民初长教育部而与北大发生关系，顺理成章地谈到自己作为现任北大校长的三点思路，也不妨视作新官上任的“三把火”。但这三把火貌似平和，却无异使北大师生整个地“洗心革面”，重新塑造自己的生命与学术理念。第一条要求学生抱定求学之宗旨，以研究高深学问为己任。今日看来，提出这样的要求真是奇怪，学生不以求学为宗旨，来大学所为何事？却不知，在清末背景下发展起来的“京师大学堂”，原来是培养官吏的养成所。君不闻，学堂教员上课之时，需有“老爷齐步走”之类的敬喝吗？

第二条是“砥砺德行”，同样是有感而发。在儒家的三不朽标准中，“太上有立德，其次有立功，其次有立言”。德行之修，本是最重之事。蔡元培虽有留洋经历，但从本质上来说，仍是不折不扣的传统教育教化之人。所以，他会特别强调对于德行的砥砺，这一对于自我的要求又与“敬爱师友”的外在约束紧密相连。

第三条为“敬爱师友”。这一具有人性化的思路，与蔡元培之为人大有关系。所谓“蔡（元培）先生就是蔡先生，这是北大同人的共感。言下之意，似乎含有无限的爱戴及尊敬，也似乎说天下没有第二个蔡先生。别人尽管可有长短处，但是对于蔡先生大家一致，再没有什么可说的”[8]。这在人言人殊的中国，真是孔子以下有几人可当之？那么，我们要问，为什么蔡元培能具有如此非同寻常的人格感召力呢？当时就有人指出“蔡氏本以前清名翰林，游学法、德各国。新旧学识，俱极精深。政府畀以斯席，可称得人”[9]。这里道出了蔡氏声望高的一个根本原因，即资历问题，他既是前清的名翰林，又是后来的留学生，一身而兼有新旧两种身份，所以“新旧两派都对蔡先生青目相加”[10]。但在资历而外，蔡氏的人格力量更为重要。当年的蔡氏学生、日后的学问大家冯友兰如此概括蔡氏的人格风范：“他(指蔡元培)所以得到学生们的爱戴，完全是人格的感召。道学家们讲究‘气象’，如程颐……说程颢‘纯粹如精金，温润如良玉，宽而有制，和而不流。……视其色，其接物也如春阳之温；听其言，其入人也如时雨之润。胸怀洞然，彻视无间；测其蕴，则浩乎若沧溟之无际；极其德，美言盖不足以形容’。这几句话，对于蔡元培完全适用。”[11]由西方(具体说是德国)引来现代大学制度，并使之在封建传统浓厚的北大生根发芽、开花结果，不仅是因为“天时地利”，更在于“人和”的重要。没有蔡元培这样集学养人格治事能力于一身的学术领袖，也同样不可能有中国现代大学制度构建的良好开端。

总结经验、厘清思路、表明立场，对于一个场域领袖而言，固然非常重要；但事功毕竟不是纸上谈兵的事情，在现实中操作，获得足够的人脉，尤其是能驱动权力的官场人脉，当然很重要。但做大学校长，仅仅有弄权的本领，那也还远是不够的。对于北京大学这样可以引领举国风向的大学来说，校长的胸怀、气度和策略，其影响之大可以想见，而其实际上的作用也是可圈可点。那么，我们要追问的是，蔡元培究竟在何种程度上意识到了这种作用？又通过何种方法来实现其北大校长任上的“为万世范”，竟使得后世之人不断慨叹，“世上已无蔡元培”？

且不说当初出任教育总长的半年光景，就是北大校长的十年间，真正在其任上履行职责的不过半数。作为北大校长的蔡元培虽然名声显赫，但究其实际，比起外国大学校长动辄半生的年限，在任的时间其实并不长。这不但和艾略特长校哈佛垂四十年没法相比，就是和张伯苓在南开、李登辉在复旦，也都不称，可是日后北大人提起“蔡校长”来，却是异口同声的那种尊敬和缅怀。这样的年限，与这样的功名，真是让人感慨；但如果你想想，洪堡担任普鲁士内政部教育司司长也就不过一年余的时间，但世人却将德国柏林大学的创办和现代大学建立这样的丰功伟绩归功于他，也就不难理解事功、卡里斯玛和年限，未必都成正比的。还是来看看蔡校长素来看重的开学演说，1918 年 9 月 20 日，蔡元培在北大做开学式演说词。沙滩红楼，气象一新。当初蔡氏做就职演说，标举“学术本位”、“砥砺德行”、“尊敬师友”诸点，与以前之传统教育迥然有异。从旧体制中熏陶出来的学生，一接触到蔡先生的新思路，必然产生极大的撞击。从 1916 年底出任校长的就职演说，到此时的开学演说，其意义自然有所不同。这篇短短的演说词，可以看作是蔡氏应变的一个例证。1918 年 9 月 20 日，蔡氏长校也就一年半的时间。然而，一个新校长，他的政绩和水平，通过一年半的时间，也大致得到了足够的印证。其实，蔡氏自己的表述，已做了很好的阐释："一年以来，于英语外，兼提倡法、德、俄、意等国语，及世界语；于旧文学外，兼提倡本国近世文学，及世界新文学……"。且不论其后来说的对理科的强调，只说这语言与文学二事。在蔡元培时代，英语成为世界通用语言，已是不争的事实。但蔡氏仍然在英语之外，要平行开设各外国文学系，其意何在？若非是平等观念的过于张扬，那就是蔡氏办学自有其独到的家法。如果再考虑到，此时俄国已经革命而成赤色之苏联、德国已在一战中沦为战败国，那么蔡先生提倡多国语种并开办各外国文学系的魄力，才真的可以称之为"远见卓识"。重视外语，更强调"多元鼎立"，乃是蔡先生识见极高明处，英语之占统治地位固不待言，但仅英、美文化决不能容纳世界文明的全部；所以，蔡先生办外语，与众不同，不是称外语系，而是直接命名为"外国文学系"，如德语，即"德国文学系"，要招收的甚至不是没有基础的学生，而是已有语言基础，能直接深造的求学者。今日观之，蔡氏未免迂腐甚矣，是否能算一合格的校长恐怕也成问题。文学之列，几人问津？这就要说到第二点，蔡氏将外语列第一位，或尚可理解；将文学列第二位，似未免过于抬高文学地位；因为数理化生各基础自然科学反而等而下之了。然而，这正又是蔡氏高人一筹处，文学之道，世界新文学之提倡，与各语种外国文学之日后推行乃至建制设系，大有关联；而在注重传统的“旧文学”之外，提倡“本国近世文学”，也同样知道其在表面的“执中公允”之外，其实意有所属。文学之重要意义，不在其能为社会带来直接的效益，而往往潜藏于其潜移默化的“修养之功”。但世人大多急功近利，又有几人能见得此点？至于能在其位，而又能用其力，将如此高明的见识挥洒于头绪繁多的行政运作之中者，舍蔡先生更何人也？这也就难怪北大人为何是这般的对蔡先生五体投地了。所以杜威评价蔡元培说：“拿世界各国的大学校长来比较一下，牛津、剑桥、巴黎、柏林、哈佛、哥伦比亚等这些校长中，在某些学科上有卓越贡献的，固不乏其人，但是，以一个校长身份，而能领导那所大学对一个民族、一个时代起到转折作用的，除蔡元培外，恐怕找不到第二个。”[12]说到底，蔡元培有气度，有见地，能为一所大学引领风向，并通过这种风向引领一个国家一个时代的风气，正是这样的大贤气魄，使得他能够为北大延揽人才，更为北大表率群伦。

或许，还是如有论者所感慨的：“作为北京大学‘永远的校长’，蔡元培之值得不断追怀，在于其一举奠定了这所大学的基本品格。百年中国，出现过无数英雄豪杰，但要讲对于北大的深刻影响，至今没有可与蔡校长比肩者。时至今日，蔡元培之出长北大，几乎成为一个‘神话’——个人的学识才情与时代的要求竟如此配合默契，千载难求，不可复得。”[13]而我想要强调的是，蔡元培并不是神仙，他之所以能脱颖而出，其实与那个时代的特殊语境密切相关；而更重要的启迪或许在于，其才情固然可欣赏，可学识基础同样至为关键，设若没有他留学欧洲的主动“睁眼看世界”，不仅有留德时代的“勤工俭学”，也有留法时代的“广采博收”，仅凭前清翰林的底子也还是不够的；当然反之亦然，仅靠在国外“烧牛肉”的经验，恐怕也不容易立定根基，善于采择。这正是重温蔡元培的留欧故事，所能给我们的启迪。当然，条条大路通罗马，每个人也都有自己的道路，没有榜样可以完全复制，但我们可以从他的成功中汲取有益的经验。

注释

①驻法公使馆抄送原电报，高平叔：《蔡元培年谱长编》上册，北京：人民教育出版社，1996 年，第 613 页。

②陶英惠：《蔡元培年谱》上册，台北：“中央研究院近代史研究所”，1976 年，第 474 页。

③《蔡元培先生与北京大学》，载罗家伦：《逝者如斯集》，台北：传记文学出版社，1992 年，第 55 页。

④蔡元培：《致吴敬恒函》(1917 年 1 月 18 日)，载高平叔编：《蔡元培全集》第 3 卷，北京：中华书局，1984 年，第 10 页。

⑤蔡元培：《整顿北京大学的经过》，载高平叔编：《蔡

元培全集》第7卷，北京：中华书局，1989年，第21页。

⑥《致汪兆铭函》(1917年3月15日)，载高平叔编：《蔡元培全集》第3卷，北京：中华书局，1984年，第26页。

⑦《谈温泉》，载《李石曾先生文集》下册，台北：中国国民党党史委员会，1980年，第139页。

⑧林语堂：《想念蔡元培先生》，引自陈平原、郑勇编：《追忆蔡元培》，北京：中国广播电视出版社，1997年版，第271页。

⑨静观"国立北京大学之内容"，第163页，转引自陈洪捷：《德国古典大学观及其对中国的影响》，北京大学高等教育科学研究所博士论文，1998年，第130页。

⑩陈平原：《"兼容并包"的大学理念》，载陈平原：《当年游侠人——现代中国的文人与学者》，北京：生活·读书·新知三联书店，2006年，第108页。

⑪冯友兰：《我在北京大学当学生的时候》，引自陈平原、夏晓虹编：《北大旧事》，北京：生活·读书·新

知三联书店，1998年，第359—360页。

⑫转引自郑勇：《是真精神自风流》，载《中华读书报》2000年5月17日，第13版。

⑬陈平原：《“兼容并包”的大学理念》，载陈平原：《北大精神及其他》，上海：上海文艺出版社，2000年，第23页。

后记

这里尝试将蔡元培在欧洲留学时代的故事分为两段，一段是留德故事，讲述他在1907—1911年间从柏林到莱比锡的留学生涯中发生的种种趣事，诸如对德国教育的关注、通过接触德国文学艺术而得到的精神熏陶、游览风物而形成的修养和底气，当然也不排除在外求学谋生的艰辛、入学的艰难、为稻粱谋的不易等；一段是留法故事，考察他1913—1915年间从巴黎到图卢兹的历程，既有在科隆布、蒙岱寂等地的辗转流离的求学生涯，也有与法国学者的交往、开辟华法教育会和勤工俭学的事业，乃至为华工编写《华工学校讲义》等有趣的故事。相比较蔡元培日后在中国现代史上的赫赫事功，他早年的留学时代不太为人关注，也较难发掘出材料以恢复历史场景。我们通过对蔡元培留学因果的蛛丝马迹之探寻，对其选修科目的条分缕析，对其异国踪迹的如影随形，试图尽可能在一定程度上复原历史现场、贯串历史发展的逻辑线索。这种细节关注和问题意识，既有对学术史的补缺纠偏之效，也有理解现代中国精英人物的别样线索功能。因为，正是在留德、留法期间的细心涵泳，也才有日后出任北大校长时的指挥若定。

总之，本书通过对清末民初时期的重要文化史人物蔡元培的留欧经历进行描述，试图通过尽可能还原其留学德国期间的细节场景，以揭示其在不同时期在欧洲留学期间的行为、活动及背后的心理、思想的发展。并试图通过这一个体，进而来考察那个时代的精英人物在大时代背景下应变的可能出路与方式。

虽然从表象来看，本书采取的是一种故事叙述形式，甚至希望采取突出问题节点，乃彰显关键的进展，吸引读者的注意。每篇文字大概在 7000 字左右，上下或有浮动，全书分上下两部，各 10 篇。总文字在 16 万字左右。但其实背后并非没有学理支撑乃至一定的学术追求，明眼人或许一眼洞穿本质，这是叙事研究(Narrative)的方法，或者说是明显的实证研究(Empirical Study)的路径。从人文学者的角度来看，则是强调“回到现场”，以“触摸历史”。大体说来，能够凭借“动手动脚找材料”的方法，对“历史”尽可能进行复原；当然，研究者也有足够的警醒，使其尽可能不成为大历史的注脚，而呈现一定程度的开放性解释状态[①]。

我要感谢《传记文学》的郝庆军兄、胡仰曦女士的盛情相邀和敦促，从2013年开始连载我的这部著作。如果没有他们的督促和热情约稿，像我这样学问心炽烈者，恐怕很难抽出集中的时间完成这样的游戏叙事之作。不过，对我来说，这也是一种考验，如何将高深的学问化为春风化雨的通俗文字，使得其走入寻常百姓家，这里需要的不仅是一种对学术的热爱，也还有那种对道统的承担与认同。

我曾说过：“对于蔡元培，我还是希望有一天能自信地对其做一既见‘义理’、又凭‘考据’的研究。”[②]但这样一部著作，自然远远谈不上是达到了这样标准的大著作。所以，这也就等于为自己下了命题作文，希望我能够在不久的将来，能不负上述标的而能交出一份答卷。当然，对于留学史的研究，在我也是经历了不同的认知和感受阶段。以前不太愿意为某一个人物花费过于浩大的精力和投入，希望做到发凡起例就行了，但现在看来，这种深入底里的个案式研究，仍有其不可替代的价值，潜入愈细，所获愈富；若能勾连哲思宏阔的重大命题，还是能在相互参证中开拓更多。这一点在陈寅恪的留学史研究中已经逐步获得印证，但毕竟陈寅恪的意义非常人可比；可此次对貌似常人的蔡元培留学史的集中梳理也同样感触良多，这更让我知道知海之大，非可遥望蠡测者。人在学途，仿佛身在舟中，只能渐行渐远，学步知浅，然而生命不息，学步不止，是为知学也。

叶隽

2010 年 12 月 27 日—2013 年 2 月 6 日东阳明居

2019 年 10 月 11 日改定于沪上同济

注释

①这类的叙事研究，可参阅刘云杉：《帝国权力实践下的教师生命形态：一个私塾教师的生活史研究》，载丁钢主编：《中国教育：研究与评论》第3辑，北京：教育科学出版社，2002年，第143—174页。还有陈平原、夏晓虹主编：《触摸历史——五四人物与现代中国》，广州：广州出版社，1999年。陈向明：《质的研究方法与社会科学研究》，北京：教育科学出版社，2000年。当然还不用说，西方历史诗学、新文化史兴起的更宏阔的学术背景，参见[美]罗伯特·达恩顿(Darnton Robert)：《拉莫莱特之吻：有关文化史的思考》(*Kiss of Lamourette*)，萧知纬译，上海：华东师范大学出版社，2011年。[美]海登·怀特(White Hayden)：《元史学：十九世纪欧洲的历史想像》(*Metahistory: The Historical Imagination in Nineteenth-Century Europe*)，陈新译，南京：译林出版社，2004年。

②叶隽：《后记》，载蔡元培：《蔡元培：大学的意义》，叶隽考释，济南：山东文艺出版社，2006年，第189页。